AMMIANUS-VERLAG

Michael Kuhn

geb. 1955, studierte Geschichte und Politische Wissenschaften an der RWTH Aachen und war neben seinem beruflichen Werdegang als Historiker auch in der Archäologie beschäftigt. 2008 gründete Michael Kuhn den AMMIANUS-Verlag, wo er seine eigenen Bücher und Werke anderer Autoren publiziert. Gemeinsames Kennzeichen seiner schriftstellerischen Tätigkeit ist die Verknüpfung von archäologischen Erkenntnissen und Realgeschichte mit fiktiven Ereignissen. Das Hauptanliegen des Autors ist es, Interesse und Verständnis für die Historie und die archäologischen Hinterlassenschaften zu wecken.

IMPRESSUM

1. Auflage April 2019
© 2019 Ammianus GbR, Aachen

Umschlaggestaltung: Thomas Kuhn, Lina Westphal
Karten und Grafiken: Lina Westphal
Fotos: Michael Kuhn, Lina Westphal
Lektorat: Edelgard Bially, Julia Huntscha
Wissenschaftliches Lektorat: Jörg Fündling
Satz & Layout: Thomas Kuhn
Druck: TZ-Verlag
Printausgabe-ISBN: 978-3-945025-87-1

www.ammianus.eu
www.facebook.com/AmmianusVerlag

VORWORT

Mosel und Rhein – kaum eine andere Region ist so stark vom Weinbau geprägt wie diese uralten Kulturlandschaften im Herzen Europas. Gerade an der Mittelmosel wird man auf Schritt und Tritt an das Erbe der Römer erinnert. Viele kennen die berühmten Darstellungen der Grabmonumente wie das Weinschiff von Neumagen oder die zugänglichen Grabungsbefunde römischer Weinkeltern. Eine der häufigsten Fragen, die mir als Historiker in diesem Zusammenhang gestellt werden, lautet deshalb folgerichtig: Wie war das eigentlich mit den Römern und ihrem Wein?

Eine verhältnismäßig einfache Frage – die sich dann als immer komplizierter erweist, je mehr man versucht, diesem Thema auf den Grund zu gehen. Es gibt Teilantworten von Experten, anhaltende Diskussionen und vor allem ein erstaunliches Ausmaß an Klärungsbedarf. Das vorliegende Buch erhebt jedoch nicht den Anspruch, als wissenschaftliches Fachbuch in die Debatte einzugreifen. Vielmehr soll es dem interessierten Laien ermöglichen, sich in allgemein verständlicher Art und Weise zu informieren und erste Einblicke in ein schwieriges Thema nach neuestem Forschungsstand zu gewinnen.

Dabei ist man aber nicht ausschließlich auf die Erkenntnisse biochemischer Analysen und die Bemühungen der Archäologie angewiesen. Die Römer selbst haben uns zum Glück einige literarische Quellen hinterlassen, die einiges über den antiken Weinbau verraten. Hier ist an erster Stelle Columella zu nennen, der im 1. Jh. n. Chr. ein umfangreiches Lehrbuch über die Landwirtschaft (De re rustica) geschrieben hat, in dem der Weinbau eine herausragende Stellung einnimmt. Vor ihm hat sich bereits Cato d. Ä. im 2. Jh. v. Chr. diesem Thema in seinem Werk über die Landwirtschaft (De agricultura) gewidmet. In poetischer Form behandelt Vergil den Wein und andere Früchte des Landes in seinem Lehrgedicht aus dem 1. Jh. v. Chr., den „Georgica". Weiter sind noch der etwas ältere Varro und der Enzyklopädist Plinius d. Ä. zu nennen, der den Wein und dessen Erzeugung in seiner „Naturgeschichte" ausführlich würdigt. Von Mal zu Mal haben auch bekannte römische Dichter wie Horaz, Ovid oder Martial das Thema Wein und Weinbau in einigen Zeilen erwähnt. So ergänzt die antike Perspektive unsere wissenschaftliche Annäherungsweise von heute.

Der erste Teil des Buches widmet sich den Fragen nach dem „Woher" und dem „Wie" des römischen Weinbaus. Wo ist der Ursprung des Weins zu suchen? Wie war das mit den Wildreben? Wie hat man gekeltert? Was wussten die Römer über Gärung und Oxidation? Welchen Wein hat man getrunken? Weiß oder rot? Was waren die Toplagen der Antike? Welche Rolle spielte der Wein im Alltags- und Wirtschaftsleben?

Das Lesevergnügen soll in diesem Buch aber ebenfalls nicht zu kurz kommen. Der kaiserliche Domänenverwalter Julius Bassus entführt uns in die Welt der Spätantike. Vier spannende Wochen lang berichtet er von seinen Bemühungen, im kaiserlichen Auftrag einen möglichst einzigartigen Wein zu erzeugen. In vermeintlich trockenen Details der antiken Wirtschaftsgeschichte kann eben auch eine spannende – und vielleicht so- gar vollmundige bis spritzige? – Story stecken.

Der letzte Teil soll dem Leser mit einigen leicht verständlichen Rezepten die Mög- lichkeit geben, auf ganz unkomplizierte Weise seinen „eigenen" Römerwein in den verschiedensten Geschmacksausprägungen herzustellen, ob Würzwein, Sklaven- oder Tresterwein. Auch die hohen Weihen der Veredelung oder die umstrittenere Praxis des „Panschens" mit Süßmost und anderen Ingredienzen werden in anschaulich bebilder- ten Rezepten und kurz gehaltenen Texten dargestellt. Da es sich bei dem vorliegenden Buch nicht um eine streng wissenschaftliche Darstellung handelt, habe ich auf Anmer- kungen im Text verzichtet. Im Anschluss informiert eine umfangreiche Literaturliste über die zum Entstehen des Buches verwendete Fachliteratur.

Bedanken möchte ich mich an dieser Stelle bei allen, die zum Gelingen des Buches beigetragen haben. Vor allem der ausgewiesene Fachmann für den römischen Wein Dr. Fritz Schumann, der Oenologe und Erforscher historischer Rebsorten Dr. Andreas Jung, der Oenologe und Winzer Dr. Daniel Molitor sowie der Winzer und Vorsitzende der Römerkelter Erden e.V. Stefan Justen haben mit ihrem umfangreichen Wissen über den Wein ganz wesentlich dazu beigetragen, das Buch in der vorliegenden Form ent- stehen zu lassen.

Ich wünsche allen Lesern viel Wissensgewinn, Unterhaltung und frohe Stunden bei der Lektüre und Anwendung des Buches.

Michael Kuhn

Treverermännchen aus römischem Eichenholz geschnitzt.

Der lange Weg in den Nordwesten des Imperiums

„Einen Weidenkorb, eine Tierhaut und ein Tongefäß…"

mehr braucht es nicht, um ein genießbares alkoholisches Getränk herzustellen. Man gibt die Trauben in einen Korb, der auf einer gegerbten Tierhaut steht, zerstampft die Trauben, presst ihren Saft durch die Ritzen des Geflechts aus und fängt ihn mit der wasserdichten Unterlage auf. Dann gibt man den frischen Traubenmost einfach in ein tönernes Gefäß und lässt der Natur ihren Lauf. Die überall in der Luft und auf den Trauben präsenten Hefen beginnen sofort mit ihrer Arbeit und wandeln den Fruchtzucker in Alkohol um. Bereits nach wenigen Tagen entsteht ein Rauscher oder Federweißer, der seine Wirkung auf den genussfreudigen Koster nicht verfehlt. Schnell getrunken werden muss er so oder so, denn er hält sich nicht lange.

Ursprünglich war dieser Vorgang vielleicht nur ein unfreiwilliger Nebeneffekt, wenn man Fruchtsaft gewinnen wollte. Im Laufe der Zeit wurde er zum Selbstzweck immer weiter vervollkommnet. Um mehr Saft zu gewinnen, begann man wahrscheinlich, möglichst fruchtstarke Wildreben – viele große Beeren an jeder Traube, guter Geschmack, kein zu hoher Kernanteil – zu selektieren, zu vermehren und bevorzugt anzupflanzen. Damit war der erste Schritt zur Kulturrebe getan, dem im Lauf der Jahrtausende weitere folgten.

Es vergingen Jahrhunderte und Jahrtausende, bis man durch immer weiteres Experimentieren das Geheimnis der Gärung und der Haltbarmachung so weit in den Griff bekommen hatte, dass man ein dem heutigen Wein ähnliches Produkt herstellen konnte. Damit war ein wohlschmeckendes und alkoholisierendes Getränk entstanden, das nicht nur für wenige Wochen saisonal, sondern das ganze Jahr über zur Verfügung stand.

Bevor wir uns aber der Rebenzucht und dem Keltern des antiken Weins zuwenden, empfiehlt es sich, einen Blick auf das Ausgangsprodukt, die Wildrebe, zu werfen.

Wildrebe

Kulturrebe

WILDREBEN UND KULTURREBEN

Wildreben (Vitis vinifera subsp. sylvestris) sind seit ca. 80 Millionen Jahren in Europa nachgewiesen. Während der Eiszeiten zogen sie sich ans Mittelmeer zurück, von wo sie sich in wärmeren Klimaphasen wieder bis nach Nordeuropa ausbreiteten. Heute ist ihr Bestand in Mitteleuropa bis auf wenige Vorkommen zusammengeschmolzen und stark gefährdet. Die größten Vorkommen befinden sich in Deutschland mit lediglich rund zwei Dutzend Pflanzen auf der Rheininsel Ketsch zwischen Mannheim und Ludwigshafen und in anderen Regionen mit ähnlichen klimatischen Bedingungen. Vereinzelte Exemplare sind auch in der Pfalz um Bad Dürkheim anzutreffen. Insgesamt kann man mehr als dreißig verschiedene Arten unterscheiden, wobei aber nicht auszuschließen ist, dass es sich bei einigen Arten um verwilderte Kulturreben handelt, nicht um den eigentlichen Wildtyp. Die Vorkommen von Wildreben erstrecken sich nämlich hauptsächlich auf Regionen, in denen auch Kulturreben angebaut werden.

Die Wildrebe mit ihren drei- bis fünflappigen Blättern wächst als Schlingpflanze (Liane) bevorzugt an Bäumen, die sie als Kletterhilfe zur Erreichung des Sonnenlichtes nutzt. Dabei verholzen ihre Triebe schnell und sehen am Ende ihrerseits einem Baum sehr ähnlich: Bei einem unteren Stammumfang von bis zu 150 cm kann sie es auf eine Länge von 40 m und mehrere Tonnen Gesamtgewicht bringen. Sie hat kleine, zumeist blaurote Beeren mit gedrungenen, herzförmigen Kernen an einem locker besetzten, rispenartigen Stielgerüst. Es gibt männliche und weibliche Pflanzen; die Rebe trägt also eingeschlechtliche Blüten, deren Bestäubung durch Insekten erfolgt. Ihre Samen verbreiten sich durch Vögel und Kleingetier, die die Beeren fressen. Zwar stellen wir uns Weinstöcke am liebsten in Hanglage auf Schieferfelsen vor, aber die Wildrebe bevorzugt ganz im Gegenteil tiefgründige, lehmig nährstoffreiche Böden, wie sie Auenwälder bieten.

Im Aroma säuerlich, wie sie nun einmal ist, eignet sich die Wildrebe nur bedingt zur Herstellung von Most. Es gibt historische Berichte, dass die Trauben von Wildreben in besonders ergiebigen Jahren dennoch gelesen wurden. Geschmacklich ähnelt der daraus gewonnene Wein einem unreifen Cabernet Sauvignon.

Einmal auf den Geschmack gekommen, werden einige sesshaft gewordene Menschengruppen in grauer Vorzeit damit begonnen haben, solche Reben zu selektieren und zu vermehren, welche besonders viele und süße Früchte hervorbrachten. Dieser Prozess der Verfeinerung führte dann irgendwann zu den ersten Kulturreben.

Im Gegensatz zur Wildrebe ist die Kulturrebe, die aus ihr gezüchtet wurde, eine zwittrige Pflanze. Die Trauben sind größer als bei der Wildrebe und die Beeren sitzen dichter an der Rispe. Je nach Kultursorte variiert die Farbe von grün, gelb und rot bis blauviolett. Ihre Blätter sind mehr oder weniger deutlich fünflappig ausgeprägt. Die

Kerne sind länglich bis flaschenförmig mit einem ausgeprägten Stiel am oberen Ende. Die Kulturrebe erreicht bei ungestörtem Wachstum – etwa an Hauswänden – immerhin eine Höhe von 2 bis 10 Meter, bleibt also ein ganzes Stück kleiner als die Wildform.

Sie zählt weltweit zu den wichtigsten Kulturpflanzen in den gemäßigten und subtropischen Breiten überhaupt. Entstanden ist sie zur Gewinnung von Wein, Saft, Kernöl, Tafeltrauben und Rosinen, wobei man den pharmazeutischen Nutzen der Weinblätter nicht vergessen darf, die nebenbei ebenfalls gegessen werden können.

Kulturreben

Von China zum Kaukasus?

Es gibt unterschiedliche Thesen vom Ursprung der Kulturrebe. Eine besagt, dass die Pflanzen unabhängig voneinander an verschiedenen Orten kultiviert wurden. Demgegenüber steht die These, dass sie aus einer bestimmten Region stammen. Eine Theorie verortet die ersten Kulturreben in die zentralchinesische Provinz Henan. Dort wurden bei Grabungen in der neolithischen Siedlung Jiahu die bislang ältesten Belege für den Anbau und die Verarbeitung von Reben gefunden (7000 v. Chr.).

Der Weg der Reben führt von dort ins Altaigebirge in die Grenzregion zwischen den heutigen Staaten Kasachstan, Mongolei, Russland und China. Weiter begleitete die Rebe als Kulturfolger möglicherweise wandernde Stämme nach Süden und Westen – bis in den Kaukasus und in den mittleren Orient. Archäologisch nachgewiesen ist Weinanbau in Georgien ab 5800 v. Chr., während eine frühe Weinkelter im Iran ebenfalls in das 5. Jahrtausend v. Chr. datiert. Um 4000 v. Chr. gelangt er nach Kleinasien, ins heutige Ostanatolien. Eine herausragende Rolle bei der weiteren Kultivierung der Reben sollen die Hethiter im 3. und 2. Jahrtausend v. Chr. eingenommen haben. In Mesopotamien und Ägypten begegnen uns Trauben und Traubenwein auf Abbildungen und in archäologischen Funden seit ca. 3500 v. Chr.

Im Zuge der indogermanischen Wanderung soll die Weinrebe ab 2000 v. Chr. einerseits nach Indien, andererseits auf direktem Weg ins südliche Ost- und von dort nach Mitteleuropa gekommen sein. Demnach haben bereits die frühen Kelten Weinbau in bescheidenem Umfang betrieben. In Südeuropa soll die Kulturrebe bereits um 1800 v. Chr. eingetroffen sein. Mit Sicherheit haben auch die Etrusker, die um das Jahr 1000 v. Chr. aus Kleinasien nach Italien kamen, ihr Wissen um die Kultivierung und die Verarbeitung von Reben aus ihrer Heimat mitgebracht.

Genanalysen lassen die Annahme zu, dass sich in den heutigen Traminer- und Muskatellersorten einige Bestandteile der uralten Kulturreben erhalten haben sollen.

Diese oben beschriebenen Thesen stützen sich im Wesentlichen auf genetische und sprachliche Untersuchungen (also auf die Verwandtschaft der Wörter für die Rebe und die sie anbauenden Völker, ihre Bestandteile, den Wein und die Werkzeuge zu dessen Anbau).

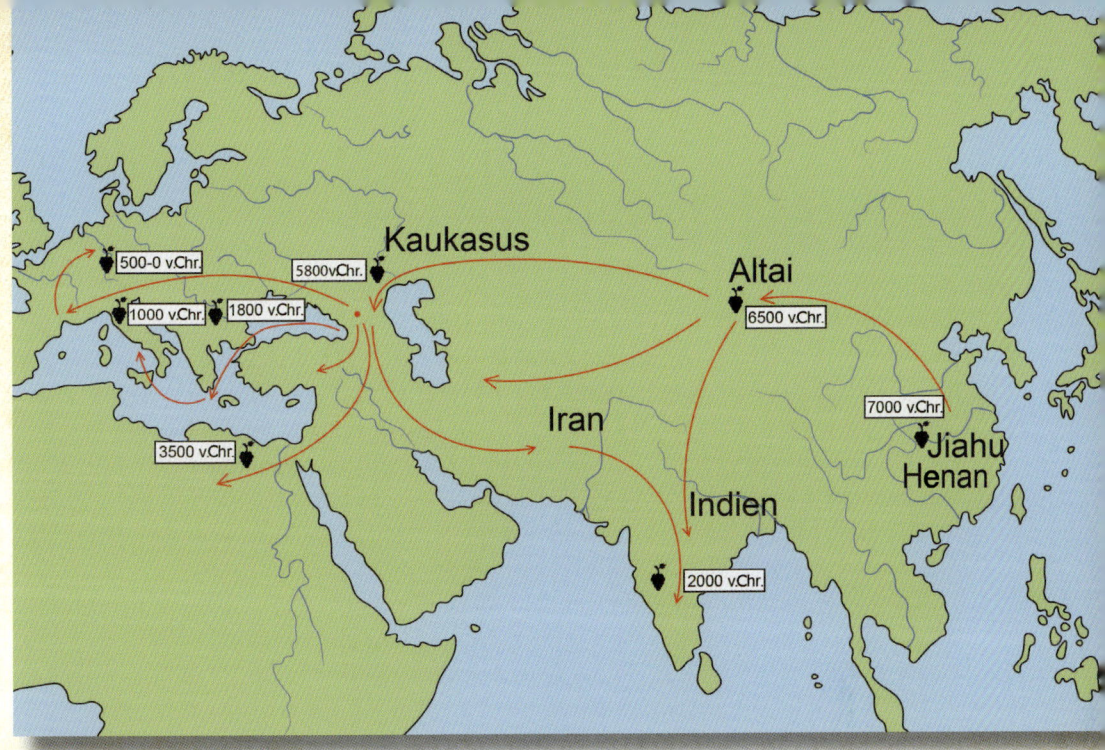

Mittelasien und Europa mit den vermuteten Wanderbewegungen.

VOM KAUKASUS ANS MITTELMEER

Eine weitaus gängigere Annahme legt den Ursprung der Kulturrebe dagegen in den Kaukasus selbst (Georgien) und die heutige Osttürkei (6. Jahrtausend v. Chr.). Von dort soll sie sich ab dem 5. Jahrtausend v. Chr. konzentrisch nach Süden und Westen bis nach Kleinasien, Indien, Persien, Mesopotamien und Ägypten ausgebreitet haben.

In diesem Punkt widersprechen sich die China- und die Kaukasus-Theorie nicht. Welcher Annahme mehr Gewicht beizumessen ist, müssen zukünftige Forschungen entscheiden. Möglich sind auch parallele Entwicklungen in Ostasien und im Kaukasus, die sich später überschnitten.

Es waren jedenfalls vor allem die Griechen, die im Zuge ihrer Kolonisierung die Weinrebe über das Schwarze Meer in den Mittelmeerraum brachten. Von Massilia (Marseille) aus gelangte die Weinrebe bereits lange vor den Römern im 1. Jahrtausend v. Chr. die Rhône aufwärts bis nach Mitteleuropa – noch begehrter war aber als Prestigeobjekt der Wein aus griechischer Produktion.

Die griechische Kolonisation im Mittelmeerraum.

Es waren schließlich die Römer, die den An- und Ausbau des vorhandenen Rebenmaterials perfektionierten und Wein zur Massenware machten, die überall im Imperium genossen wurde.

Der Wein der Römer

Anbaugebiete und Toplagen des Imperiums

Inspiriert von und aufbauend auf dem, was Griechen, Etrusker und andere Völker geschaffen hatten, erlebte das Kulturgut Wein unter römischer Herrschaft einen bis dahin ungekannten Aufschwung. In nahezu allen Regionen des Mittelmeeres wurden neue Weingärten geschaffen und alte erweitert. Ausgehend von den Küsten breitete sich der Anbau entlang der Verkehrswege, auf Landrouten und in Flusstälern, während der nächsten Jahrhunderte schließlich bis in den Nordwesten des Imperiums aus. Es gab kaum einen Ort im Römischen Reich, der nicht vom Anbau profitierte. Das immer dichter ausgebaute Wegenetz begünstigte und ermöglichte den Transport des begehrten Rebensaftes auch in den letzten Winkel des Reiches, wo Wein aus klimatischen Gründen nicht oder nur in kümmerlicher Qualität gedieh. In einer Zeit ohne Kaffee, Tee und Erfrischungsgetränke mit Industriezucker gab es zum Weinkonsum auch wenig Alternativen (und Alkoholismus wurde unter Geschichtsschreibern ein entsprechend häufiger Vorwurf an Prominente).

Nach Italien nahm naturgemäß das klassische Weinland Griechenland einen herausragenden Platz ein. Nahezu alle Regionen der Halbinsel waren zugleich Weinanbaugebiete, wobei die besten Erzeugnisse von den Inseln kamen. Hochgerühmt waren der Chier aus Chios und der koische Wein aus Kos. Ähnliches galt für die Produkte aus Lesbos und Thasos. Man sagte den Weinen aus Griechenland aphrodisierende und medizinisch heilsame Kräfte nach.

Spanien besaß dagegen nicht die Bedeutung, die ihm heute als Produzent von edlen Weinen zukommt – es war stattdessen ein Zentrum der Ölproduktion. Die Weingebiete lagen entlang der Küsten und auf den Balearen. Gelobt wurde der Wein aus Tarraco (Tarragona).

In Nordafrika, das damals vor der Entwaldung deutlich fruchtbarer war, sind vor allem die Anbaugebiete im heutigen Libyen und Tunesien sowie das Nildelta von Ägypten zu nennen.

Kleinasien (die heutige Türkei) nahm ebenfalls einen hervorragenden Platz als Weinproduzent ein. Die Weinlagen erstreckten sich längs des Mittelmeeres bis in das Hochland von Anatolien und entlang der Küsten des Schwarzen Meeres.

Im Nahen Osten wurde Wein in Palästina und Syrien angebaut. Über den Wein aus Mesopotamien und Persien ist nur wenig bekannt; obwohl es ihn gegeben hat, war ein Import aus dem Parther- und späteren Perserreich über die römische Außengrenze anscheinend nicht lukrativ genug.

Im südlichen Gallien wurde Wein am Mittelmeer vor allem bei Massilia (Marseille) und Béziers kultiviert. Diese Weine waren so gut, dass sie auch nach Italien exportiert wurden. Die Rhône aufwärts wanderte die Rebe nordwärts zu den Allobrogern im heutigen Burgund, die in dem Ruf standen, ihrem Wein durch Räuchern eine besondere und nicht überall beliebte Note zu geben. Lugdunum (Lyon) entwickelte sich ab dem 2. Jahrhundert n. Chr. zu einem der wichtigsten Zentren des römischen Weinhandels, hauptsächlich für die Zehntausende von Armeeangehörigen entlang der Rheingrenze, die der Wein über Trier und das Moseltal erreichte – dazu später mehr.

Sizilien, das damals nicht zu Italien zählte, sondern eine eigene Provinz war, lieferte vor allem Getreide, doch wurde um Messina unter anderem der damals bekannte Mamertiner angebaut.

In der römischen Überlieferung nehmen die italischen Weine natürlich den ersten Rang ein; die Fülle an Orts- und Lagenbezeichnungen weist darauf hin, dass der Weinmarkt auch in der Antike schon Trendprodukte und Umetikettierungen kannte. Italien galt im Imperium als das Weinland schlechthin. Die Region mit den bekanntesten Spitzenerzeugnissen war dabei Kampanien. Der Massiker, der Caecuber und der Falerner genossen einen legendären Ruf, wobei der Falerner das Maß aller Dinge war. Wahrscheinlich weiß, gab es ihn in den noch heute geschätzten Geschmacksrichtungen trocken, halbtrocken und süß. Im Umland von Neapel gediehen auf Lavaböden der Vesuviner und der Pompejaner, dem man wohl einen lange andauernden „Kater" nachsagte. In Latium, im Umland von Rom, wurden auf Vulkangesteinen Caecuber, Albaner, Nomentaner und in Sichtweite Roms der Vaticaner angebaut, der jedoch als „saures Zeug" übel beleumdet war. Augustus, der sich gern als einfacher Mann vom Land gab, machte den sonst nicht sehr bemerkenswerten Setiner zu einem Modewein der frühen Kaiserzeit. In Etrurien, der heutigen Toscana, führten die Weine von Luni das etruskische Erbe fort. An der Adria gab es wichtige Anbaugebiete bei Ravenna und Ariminum (Rimini). Der Süden verwöhnte die Freunde des Rebensaftes mit Erzeugnissen aus Tarent und Rhegium (Reggio Calabria). Gute Lagen gab es auch in Umbrien und dem Picenerland. In Norditalien (Verona und Piemont) wurde die „Vitis Raetica" angebaut, die nach Ovid einen der besten Weine Italiens erzeugte.

Es ist wahrscheinlich, dass einige dieser Rebsorten, etwa in Gestalt des Lambrusco und im Fall des oben erwähnten Pompejaners als „Lacrima Christi", den Weg bis in die Gegenwart gefunden haben. Im Mittelmeerraum waren die Klimaschwankungen, wie die Klimaverschlechterung in der Spätantike oder die Kleine Eiszeit in Spätmittelalter und früher Neuzeit, nicht so ausgeprägt wie im gemäßigten Mittel- und Westeuropa, was den römischen Reben weiterhin ausreichende Wachstumsbedingungen bot. Ob ein Spitzengewächs dabei auch zu einem Spitzenwein wurde, hing natürlich von Anbautradition und Pflege ab.

Gallia cisalpina

Vitis Raetica

Massilia

Ravenna
Ariminum

Luni
Lambrusco

Rom
Vaticaner
Albaner
Nomentaner

Massiker
Caecuber
Falerner
Vesuviner
Pompejaner

Tarentiner

Mamertiner

Die Topweinlagen Italiens.

17

MOSEL UND RHEIN

Wenden wir uns nun der Region zu, die in diesem Buch im Mittelpunkt der Betrachtung über den römischen Wein steht: den Anbaugebieten an Mosel und Rhein nebst ihren Zuflüssen.

Es ist nach wie vor eine diskutierte Frage, ob erst die Römer die Kulturrebe in unsere Breiten gebracht haben oder ob sie schon vorhanden war. Es ist durchaus denkbar, dass die Kelten bereits in bescheidenem Umfang Weinbau betrieben. Grabfunde belegen, dass sie dem Rebensaft durchaus zugetan waren und es sich einiges kosten ließen, um sich bei Händlern aus dem Mittelmeerraum mit den unterschiedlichsten Gerätschaften der Weinkultur zu versehen. In den Fürstengräbern fanden sich kostbare Ton- und Metallgefäße aus Griechenland und Italien in Spezialformen, die dem Trinkgenuss dienten, oft als komplettes Tafelservice. Dazu zählen Kannen, Mischkrüge (Krater), Siebe und Becher aus unterschiedlichen Materialien. Sinnvoll waren sie nur, wenn die keltische Oberschicht zugleich die Umgangsformen des ritualisierten Trinkgelages (des Symposions, lateinisch convivium) übernommen hatten. Daraus kann man schließen, dass die Oberschicht dem Luxus- und Kulturgut aus dem Süden zugetan war.

Es werden griechische und auch einige gallische Händler gewesen sein, die die Keltenfürsten mit dem begehrten Wein aus dem Süden Galliens oder gar mit Amphoren voll Wein aus Italien und Griechenland belieferten. Ihnen dürfte auch aufgefallen sein, dass sich die engen, warmen Täler der Mosel und ihrer Nebenflüsse nicht nur als Transportwege, sondern durchaus auch zum Anbau von Reben eigneten. Vielleicht fanden auf diesem Weg die ersten Kulturreben ihren Weg nach Norden, wenn sie nicht schon längst hier waren oder an Ort und Stelle aus Wildreben selektiert worden waren. Diese Frage wird aber so lange Gegenstand von Spekulationen bleiben, bis sich belastbare archäologische und archäobotanische Belege für die eine oder andere These finden.

Das gilt auch für die römisch-kaiserzeitliche Epoche. Dabei sollte man sich nicht von den zahlreichen bildnerischen Darstellungen der Weinkultur in den Nordwestprovinzen blenden lassen. Sie stammen in der großen Mehrheit von Grabmälern aus den ersten beiden Jahrhunderten der römischen Präsenz an Rhein und Mosel und belegen in erster Linie, dass es eine ausgeprägte Weinkultur und einen regen Weinhandel in die Region gab. Das Gleiche gilt für die umfangreiche Produktion von Weinbechern, Krügen und anderen Gerätschaften in den hiesigen Töpfereien und Glasbläsereien. Auch einem Traubenkern aus kaiserzeitlichen Bodenschichten sieht man nicht ohne Weiteres an, ob die Traube gegessen wurde oder in die Weinherstellung ging.

Handfeste Belege für den Anbau von Wein gibt es daher erst für die Spätantike. Alle bisher aufgefundenen Keltern im Rhein-Mosel-Gebiet datieren frühestens an das Ende des 3. Jahrhunderts n. Chr. Die Mehrzahl der Anlagen wurde erst im 4. Jahrhundert erbaut und teilweise, wie Keramik- und Münzfunde belegen, bis in die merowingische

und karolingische Epoche genutzt (5.- 8. Jahrhundert). Der explosionsartig stattfinden-
de Auf- und Ausbau der Weinlagen wird vor allem seinen Grund im politischen Um-
schwung am Ende des 3. Jahrhunderts n. Chr. haben, als Trier zu einer der vielen neuen
Kaiserresidenzen wurde. Staatliche Förderprogramme und Probleme im Fernhandel
– bedingt durch die sich häufenden Einfälle der Germanen, aber auch durch die inner-
römischen Bürgerkriege – dürften diesen Prozess gefördert haben. Jedenfalls reichten
die bewirtschafteten Flächen aus, sowohl die tausende Bediensteten und Einwohner
der Kaiserresidenz als auch die Bevölkerung des Umlandes und in den angrenzenden
Provinzen mit ausreichend Wein zu versorgen.

Damit soll aber nicht gesagt sein, dass es davor keinen Weinbau in der Region gegeben hätte. Der Boom der Spätantike wird vielmehr in dem Bewusstsein stattgefunden
haben, dass so etwas erwiesenermaßen möglich war. Kleinere Anpflanzungen und an
das Klima angepasste Reben wird es darum bereits gegeben haben, wenn auch der archäologische Beweis noch nicht erbracht ist. Man kann aber nach allem, was wir wissen,
davon ausgehen, dass der wirtschaftlich profitable Anbau in großem Maßstab erst im
späten 3. Jahrhundert einsetzte. Welches Rebenmaterial zur damaligen Zeit angebaut
wurde, ist Gegenstand eines der folgenden Kapitel.

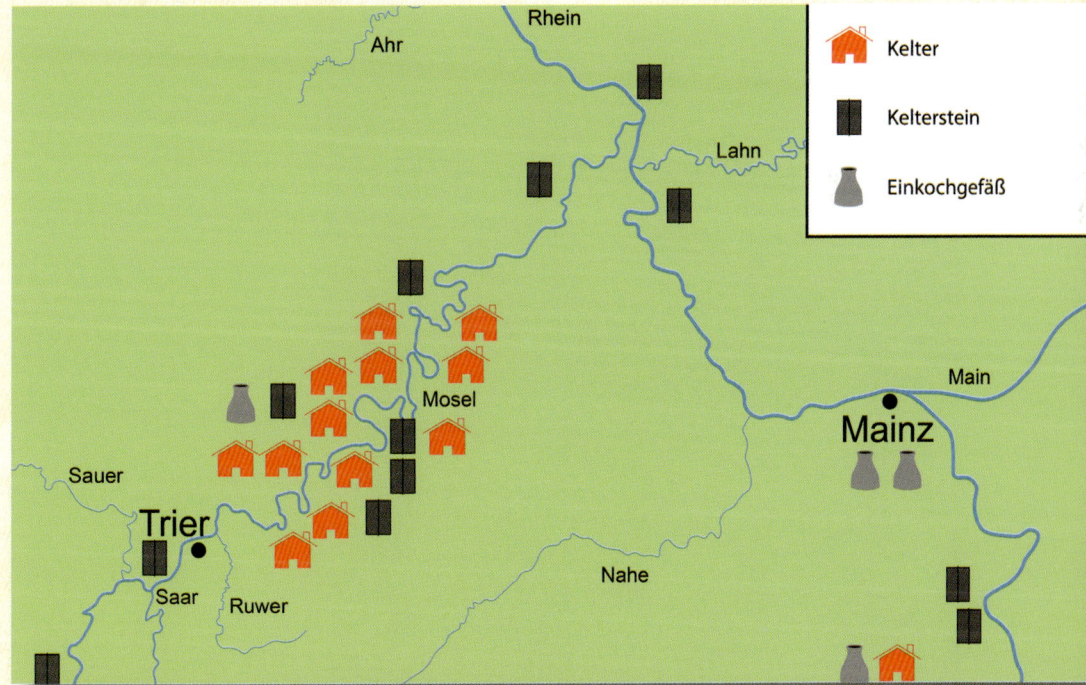

Die Weinlagen an Mosel und Rhein im 4. Jahrhundert n. Chr.

Archäologische Indikatoren für den Anbau von Wein sind in erster Linie die aufgefundenen Keltern. Im Trierer Umland und die Mosel abwärts bis Koblenz sowie im pfälzischen
Bad Dürkheim-Ungstein sind mehr als ein Dutzend dieser Einrichtungen ausgegraben
worden. Ein weiteres Indiz sind auch da, wo keine charakteristischen Gebäudegrund-
risse vorhanden sind, die gewichtigen Keltersteine, die zur Pressvorrichtung der Keltern
gehörten. Sie finden sich ebenfalls in großer Zahl an der Mosel, den Nebenflüssen Saar,
Ruwer und Sauer, an der Nahe und am Rhein. Wegen ihrer Größe sind sie vielfach als
Spolien zweitverwendet worden und weisen somit auf das Vorhandensein einer Kelter
in der Nähe hin. An der Mosel, bei Bad Dürkheim in der Pfalz und in Rheinhessen
fanden sich außerdem die typischen Bleigefäße, die zum Einkochen des Weinmostes
als Süßungsmittel verwendet wurden. Rebmesser und andere Werkzeuge, die bei der
Bearbeitung der Weinberge benutzt wurden, sind dagegen keine zuverlässigen Indikatoren für den Weinbau. Als Universalarbeitsgerät konnten sie auch zu anderen Zwecken
gebraucht werden.

Kelterstein in Kinheim.

Als gesichert gilt der römische Weinbau an der Mosel, der Nahe und in der Pfalz. Eine sehr hohe Wahrscheinlichkeit spricht außerdem für den Mittelrhein. Dabei beziehe ich mich nicht auf das Auffinden zweier Keltersteine bei Neuwied-Engers und Lahnstein, die theoretisch auch als Baumaterialien ihren Weg hierhin gefunden haben könnten. Es gibt jedoch eine Quelle aus dem 6. Jahrhundert, in der der Bischof und Dichter Venantius Fortunatus seine Reise die Mosel und den Rhein hinab beschreibt. Er erwähnt dabei explizit das Vorhandensein von Weingärten bei Andernach. Es wird sich kaum um Neu-anpflanzungen des Merowingerreiches gehandelt haben, da solche Ausbaumaßnahmen zumeist erst in karolingischer Zeit vorgenommen wurden. In der Nähe der römischen Siedlungen mit kontinuierlicher Tradition wie Boppard (Baudobriga), Oberwesel (Vi-solvia) und Bingen (Bingium) wird es ebenfalls Weinberge gegeben haben.

Eine gewisse Wahrscheinlichkeit spricht ebenfalls für den Weinbau im Umland von Mainz (Rheinhessen). Dem immer wieder ins Gespräch gebrachten Rheingau messe ich dagegen keine große Bedeutung zu. Wie an der Mosel gesehen, setzte der orga-nisiert betriebene Weinbau erst zum Ende des 3. und zu Beginn des 4. Jahrhunderts ein – zu einer Zeit, in der die römische Präsenz auf dem rechten Rheinufer wegen der Aufgabe des Limes bis auf das Umfeld von Mainz und Wiesbaden stark zurückgegan-gen und sichtlich bedroht war. Schließlich hat man bereits in römischer Zeit möglicher-weise die klimatischen Vorzüge der Ahr gekannt, was bisher jedoch archäologisch nicht hinreichend untermauert ist.

Reben bis an den Himmel

„…Hoch ist der Kamm, steigt sanft hinan mit Krümmung und Einschnitt, Felsen und sonnige Höhen, und alles bepflanzt mit Reben."

Steillage „Erdener Treppchen" an der Mosel.
Foto: Thomas Kuhn

Mit diesen Worten (frei übersetzt) zeichnet der römische Dichter und Rhetor Decimus Magnus Ausonius (310 – 394 n. Chr.) ein Bild von der Mosel, das noch heute Bestand hat. Er beschrieb auch die Moselschleife von Piesport als ein riesiges, mit Wein bestandenes Amphitheater.

Es war schon den Römern bekannt, dass die günstigen klimatischen Verhältnisse des engen Flusstals und die schiefrigen, nährstoffreichen Hänge, die die Wärme der Sonne speichern, ideale Bedingungen für den Anbau von Reben bieten. Vergleichbare Verhältnisse sind auch am Rhein, an der Mosel und einigen ihrer Nebenflüsse wie der Saar, der Nahe und der Ahr gegeben. Es wird seine Zeit gedauert haben, bis sich die von römischen und gallorömischen Siedlern eingeführten Reben aus Gallien – unter Verwendung der vielleicht vorhandenen Reben und der einheimischen Wildreben – soweit an das Klima und die Bodenverhältnisse angepasst hatten, dass sie einen ergiebigen und wohlschmeckenden Ertrag garantierten.

Antike Autoren wie Columella beschreiben anschaulich die Mühen bei der Anlage und Pflege eines Weinberges. Hacke, Spaten und Winzermesser gehörten zum unverzichtbaren Arbeitsgerät, wenngleich einige einfache Maschinen die Arbeit wesentlich erleichtern konnten, denn im Gegensatz zu den Lagen an Rhein und Mosel war der typische römische „Weinberg" eher ein Weingarten mit wenig Gefälle.

Replik eines Rebmessers.
Mit freundlicher Genehmigung des Fördervereins Römerkelter Erden e.V.

Es gab in römischer Zeit bereits die unterschiedlichsten Anbaumethoden. In Ägypten und Nordafrika wuchsen die Reben am Boden, damit die intensive Sonneneinstrahlung sie nicht schädigen konnte. In den übrigen Ländern am Mittelmeer rankten sich die Reben an Jochen, ähnlich einer Pergola, die entweder in langen Reihen oder im Geviert aufgestellt waren. Verbreitet war vor allem in Italien die Nutzung von Obstbäumen, an denen sich der Wein emporrankte. Für die Anbaugebiete der römischen Nordwestprovinzen mit ihren steilen Hängen empfahl sich dagegen die Pfahlziehung, die auch heute noch in den Steillagen praktiziert wird. Der einzeln stehende Pfahl hat den Vorteil, dass man an allen Seiten freien Zugang zum Weinstock hat, der bei der Jochziehung oder der heute immer häufiger praktizierten Drahtziehung eingeschränkt ist. Man kann für die römische Zeit mit vier Pfählen auf den Quadratmeter rechnen. Erst in heutiger Zeit werden die Pfähle in etwas größeren Abständen gesetzt und/oder in der Spaliererziehung mit Drahtrahmen erzogen, um eine Teilmechanisierung der Weinbergarbeiten zu ermöglichen.

Unsere Anbaugebiete sind uralte Kulturlandschaften, die ihr Aussehen seit den Zeiten der Römer nur in Maßen verändert haben. Der langsame Zerfall des Imperiums hatte kaum Einfluss auf die weitere Existenz des Weinbaus. Es waren die Klöster und geistlichen Territorien, die im Mittelalter das Erbe der Römer antraten. Die Bevölkerung blieb dort, wo sie war und widmete sich weiter dem Anbau der Reben. Vor allem im Umland von Trier hielt sie sich in der Moselromania bis in das 12. Jahrhundert, bevor sich auch hier germanische Sprache und Kultur durchsetzten. Noch heute schimmert in vielen Begriffen im moselfränkischen Dialekt und im Weinbau die römische Vergangenheit durch. Dazu passt der Begriff „Tarmzeile", welcher für die letzte Zeile in einem Weinberg steht, in welche sich die Rebstöcke zweier benachbarter Winzer abwechseln (Ursprung des Wortes ist wahrscheinlich das lat. terminus).

DIE REBEN DER RÖMER

Kaum eine Frage wird häufiger gestellt als die, ob wir den Wein der Römer noch heute trinken könnten – oder es vielleicht unwissentlich tun.

Hierbei wird immer auf den Elbling verwiesen, den die Römer an die Mosel gebracht haben sollen. So schön die Vorstellung auch ist, dass weite Regionen der Obermosel noch mit ‚römischen' Reben bestanden sein sollen, muss man von dieser These leider abrücken. Genetische Untersuchungen belegen, dass der Elbling das Resultat einer Kreuzung zwischen der Heunisch- und der Wildrebe darstellt. Da die ertragreiche und erst spät blühende Heunischrebe erst im Mittelalter aus dem ungarischen Raum („hunnischen", daher „Heunisch") zu uns gekommen ist, kann der Elbling nur schwerlich ein direktes Erbe der Römer sein. Man muss also weitersuchen. Dem Gutedel im Markgräflerland wird ebenfalls nachgesagt, eine uralte Rebe zu sein, die bereits von den Ägyptern im 3. Jahrtausend v. Chr. angebaut wurde. Diese Annahme stützt sich jedoch nur auf optische Merkmale. Genetisch ist eine Verwandtschaft zum heutigen Gutedel nicht nachweisbar. Wie der Elbling und der Heunisch wird auch der Gutedel erst im Mittelalter zu uns gekommen sein, als man vorwiegend auf Quantität und weniger auf Qualität des Weines setzte.

Auch eine genealogische Beweisführung hilft nicht weiter. Es wird argumentiert, dass sich unser Wort „Elbling" von lateinischen „Vitis alba" herleiten lässt. Die Bezeichnung „alba" kann aber auch einen anderen Ursprung haben und aus dem Latein des Mittelalters, aus einer keltischen oder germanischen Sprache stammen. „Vitis alba" bedeutet auch nichts anderes als „weiße Rebe". Die Römer benannten ihre Reben häufig nach ihrer Herkunft oder nach typischen Eigenschaften, die sehr allgemein gehalten sind. Es wurden z. B. in Italien „koische" Trauben angebaut, was aber nicht einmal besagt, dass die Rebsorte ursprünglich aus Kos in der Ägäis stammte. Als „Vitis alba" hätte man im Lauf der Zeit jedenfalls eine Unmenge von Reben bezeichnen können.

Vieles spricht dafür, dass die Rebsorten der Römer den Weg von der Rhône über das heutige Burgund zu uns gefunden haben, also entlang der Hauptroute des Weinhandels. Die Reben aus diesen Regionen verbindet genetisch eine große Nähe zu den Traminersorten. Im Mittelalter unterschied man in den Quellen (so etwa Hildegard von Bingen) zwischen „fränkischen" und „heunischen" Weinen aus Südosteuropa. Damit wurde weniger eine qualitative, sondern eher eine Herkunftsaussage getroffen.

Bei all dem muss man auch bedenken, dass kaum eine Pflanze derart vielen Veränderungen ausgesetzt war wie die Weinrebe. Bereits kleinere klimatische Änderungen lassen den Ertrag der Reben deutlich sinken. Man kann davon ausgehen, dass das Rebenmaterial der Römer die Kleine Eiszeit nur an wenigen, klimatisch begünstigten Orten überlebt hat. Damals wie heute war man also ständig bemüht, sich den verändernden Bedingungen und Vorlieben anzupassen. Das heißt, dass eine dem Traminer nahestehende Rebe mit hiesigen Gewächsen und Wildreben gekreuzt werden musste, um eine ertragreiche und stabile Pflanze zu erhalten.

Wegen dieser andauernden Anpassungsprozesse ist es der Wissenschaft bis heute noch nicht gelungen, auf diese Frage eindeutige Antworten zu geben. Es gibt jedenfalls keine eindeutigen Parallelen zwischen dem archäologischen Material und heutigen Reben. Erschwerend kommt dabei hinzu, dass das spärlich vorhandene Genmaterial wie verkohlte Traubenkerne eine eindeutige Bestimmung nur schwerlich zulässt: DNA zerfällt unter Hitzeeinwirkung oder in ungünstigen Bodenmilieus relativ schnell.

Eine mögliche Spur in die römische Zeit ist der kaum noch bekannte, bis vor wenigen Jahren sogar für ausgestorben gehaltene Schwarzblaue Riesling, der vielleicht spätantike Wurzeln hat. Diese Sorte ähnelt dem heutigen Riesling zwar im Laub (daher der Name), hat aber mit ihrem Namensvetter wegen des hohen Traminer- und des fehlenden Heunischanteils sonst keine Gemeinsamkeiten. Glücklicherweise hat die Rebe mit wenigen Exemplaren die Kleine Eiszeit an besonders geschützten Lagen der Mittelmosel (zwei Exemplare) und der Bergstraße überlebt. Man versucht zurzeit seitens weniger passionierter Rebveredler den Bestand zu vermehren, aber es werden noch einige Jahre vergehen, bis belastbare Ergebnisse vorliegen. Es deutet sich jedoch schon an, dass man von dieser Rebe einen hochklassigen und nach Cassis schmeckenden Wein erwarten darf.

Wir entnehmen den Quellen, dass das antike Ideal der süße Wein war – aber dieser war auch am schwersten zu erzeugen. In der Praxis überwog „trocken" und es gab auch bereits den heute als „halbtrocken" bezeichneten Ausbau, worauf wir im nächsten Kapitel zu sprechen kommen. Ob rote oder weiße Trauben die Mehrheit bildeten, darüber lässt sich nur spekulieren. Anhand von Farbresten auf reliefartigen Darstellungen und wenigen Wandfresken wissen wir, dass es beides gab.

Aus der Traube in die Tonne, aus der Tonne in das Fass - vom Machen und Werden des Römerweins

Das folgende Kapitel ist der Herstellung des Weins unter den damaligen technischen und wissenschaftlichen Voraussetzungen gewidmet.

Die Kelter

Was Jahrhunderte lang greifbar, aber nicht wissenschaftlich belegbar gewesen war, wurde durch einen Verwaltungsakt mit einem Schlag zur Gewissheit. Vor allem Flurbereinigungen führten ab dem Ende der fünfziger Jahre des 20. Jahrhunderts an der Mittelmosel zu gravierenden Eingriffen in den Bestand der Weinberge, was unbeabsichtigt den Schleier der Vergangenheit lüftete. In den besten heutigen Lagen kamen auf einen Schlag mehr als ein halbes Dutzend römische Weinkeltern zum Vorschein, die sorgsam ausgegraben, ausgewertet und für die Öffentlichkeit zugänglich wurden. Es sind die Römerkeltern von Piesport, Brauneberg, Maring-Noviand und Erden, um nur einige zu nennen. Dem Betrachter bietet sich somit ein faszinierender Einblick in ein Stück Technik- und Regionalgeschichte, welcher nördlich der Alpen und Pyrenäen seinesgleichen sucht.

Grabungsfoto: Gesamtansicht östliche Kelter in Erden.

Ich möchte mich mit den folgenden Ausführungen über die römischen Weinkeltern auf die Anlagen in Erden beschränken, weil mir im Jahre 2017 die ehrenvolle Aufgabe übertragen wurde, die östliche der beiden Keltern in einer zweiwöchigen Grabungskampagne freizulegen. Vorangegangen war im Jahre 1998 die erstmalige Freilegung der Anlage durch Dr. Gilles vom Rheinischen Landesmuseum in Trier. Weil damals noch kein Erhaltungskonzept vorlag, wurde der Befund nach Abschluss der Grabung teilweise wieder verfüllt. Knapp zwanzig Jahre später stellte der Förderverein Römerkelter Erden e.V. die notwendigen Gelder zur Verfügung, so dass mit der erneuten Freilegung und der anschließenden Sicherung der Anlage durch einen Schutzbau begonnen werden konnte.

Die Grabungsmannschaft und politische Prominenz anläßlich der Einweihung des Schutzbaus über der Kelter. V. l.: der Verfasser des Buches, Michael Kuhn M.A., Felizius Poth, Joachim Starke, Ministerpräsidentin Malu Dreyer, der Bremer Bürgermeister Dr. Carsten Sieling, Dr. Tanja Baumgart. Es fehlt Dr. Andrea Grotzke. Foto: Claudia Grabowski

Ergraben wurde der Kelterraum mit dem Maische- und den Mostbecken sowie einem südwestlich angebauten Raum mit Heizsystem, der von Dr. Gilles bei der Vorgrabung als Räucherkammer (Fumarium) gedeutet wurde. Im Verlauf der Arbeiten, die vom Landesmuseum Trier begleitet wurden, ergaben sich neue Erkenntnisse. Es handelte sich wohl um eine frühe Kelter vom Ende des 3. oder dem Beginn des 4. Jahrhunderts, die in einen bestehenden Vorgängerbau, eine Villa Rustica aus dem 2. / 3. Jahrhundert, nachträglich eingebaut worden war. Das vermeintliche „Fumarium" erscheint in dieser Deutung als beheizter Eckrisalit des Vorgängerbaus.

Villa Mehring mit Eckrisaliten.

Das Fundmaterial aus beiden Grabungen reichte vom 2. Jahrhundert (dem Vorgängerbau) bis in das 7. Jahrhundert und belegt somit eine lange Bewirtschaftung der Anlage über das Ende der Römerzeit hinaus. Ein Hangrutsch im frühen Mittelalter brachte schließlich das Ende der Anlage.

Die zweite Kelter von Erden wurde in direkter Nachbarschaft (50 m) zur östlichen Kelter in den Jahren 1993/94 ausgegraben und anschließend aufwändig teilrekonstruiert. Wahrscheinlich reichte die Kapazität der ersten Kelter seinerzeit nicht mehr aus, so dass im 4. Jahrhundert die Notwendigkeit bestand, die vorhandene Anlage zu erweitern. Beide Kelterhäuser sind als Gebäudeensemble im Zusammenhang zu sehen. Im Folgenden möchte ich die Funktionalität der Anlage beschreiben.

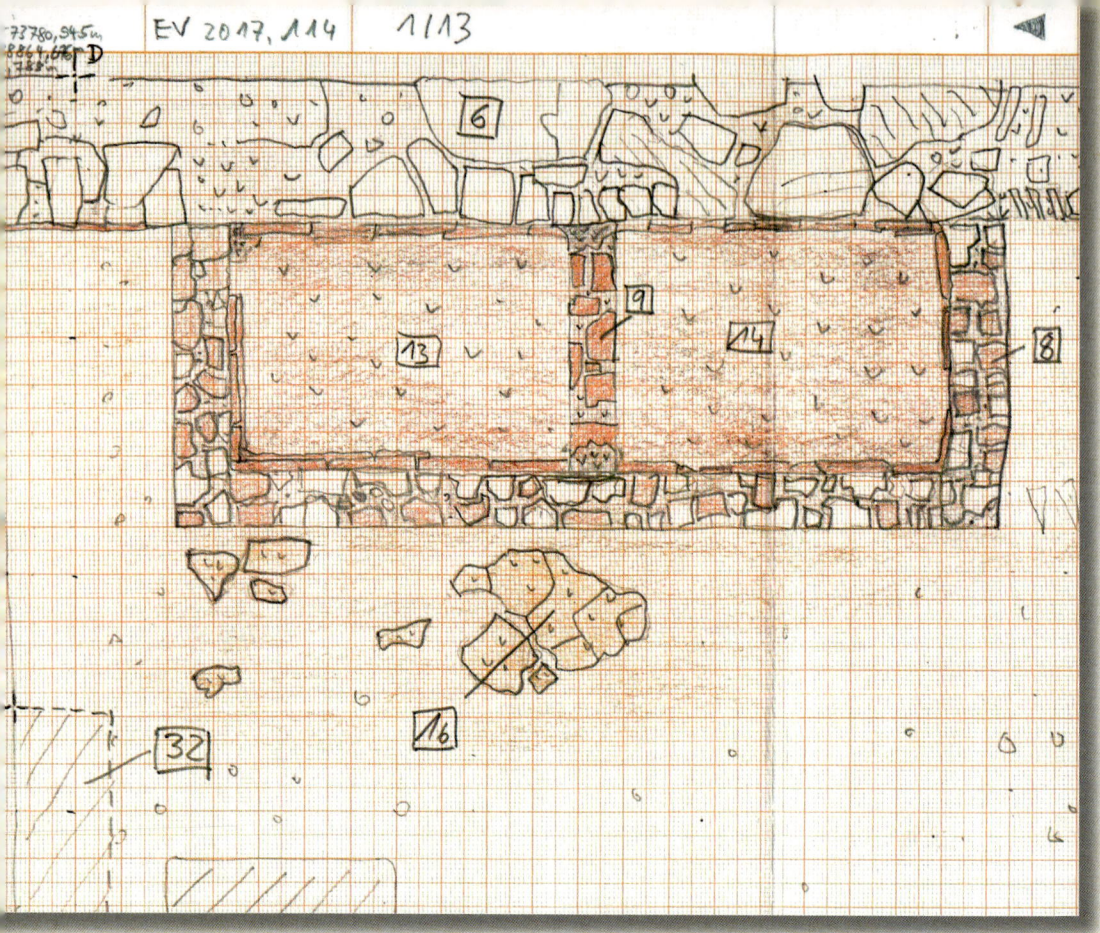

Grabungszeichnung: Mostbecken und östliche Einfassungsmauer des Kelterbeckens

Das Herzstück einer jeden römischen Kelter stellen die Becken dar, die hier den westlichen Teil des Arbeitsraums einnehmen. Das höher gelegene Maischebecken, von dem sich – bis auf einige Putzreste in den Ecken und dem Ausfluss – nur die Rollierung des Fundaments erhalten hat, nahm beinahe die gesamte Raumbreite ein. Hier wurde das Lesegut eingefüllt und der Saft mit bloßen Füßen aus den Trauben herausgetreten. Über die noch erhaltene Rinne floss der Most in ein tiefer gelegenes, zweigeteiltes Becken.

Sobald dieser Arbeitsschritt beendet war, wurde die Maische (also Trauben- und Beerenrückstände mit einem Restgehalt an Saft) in einen hölzernen Korb umgefüllt und das Pressen begann. Der mit einem Kelterstein beschwerte Pressbalken drückte die letzte Flüssigkeit aus der Maische, die aus dem Korb durch den oben beschriebenen Ausfluss ebenfalls in das Mostbecken rann. Die gesamte Pressvorrichtung war samt genügend Arbeitsraum und einem Widerlager in einem Teil des Maischebeckens fest installiert.

Die Pressrückstände aus Schalen, Kernen und Stielen kamen aber keineswegs gleich auf den Mist, um als Dünger zu dienen. Vielmehr wurde alles noch einmal gewässert und nach einer Einwirkzeit ein zweites Mal gepresst. Der ausfließende dünne Most diente zur Bereitung des Trester- oder Sklavenweins, der gut genug für die Bediensteten oder Sklaven war.

Pressvorrichtung der westlichen Kelter von Erden.

Das tiefer gelegene Mostbecken war in ein Klär- oder Setzbecken und in ein Schöpfbecken unterteilt. Im etwas höher gelegenen Setzbecken sanken die festen Bestandteile des Mostes nach unten und lagerten sich am Boden ab. Im Becken hatte sich im Grabungsbefund eine mehrere Zentimeter dicke Kalkschicht gefunden, da man Kalk in den frisch gepressten Most streute. Warum dies geschah, werde ich in einem der nachfolgenden Kapitel erläutern. In der westlichen Kelter hatten sich im Boden noch die Reste von zwei mit Kalk gefüllten Fässern erhalten, die diesen Vorgang belegen könnten.

Das Verbindungsrohr zwischen dem Setz- und dem Schöpfbecken.

31

Wenn der Most sich geklärt hatte, wurde er durch ein Bleirohr – Blei war das Standardmaterial für Rohrverlegungen – in das tiefer gelegene Becken abgelassen. Daraus schöpfte man den geklärten Most in die Gärbehälter. Das waren im Mittelmeerraum große Tongefäße (Dolien), in unseren Breiten hölzerne Fässer.

Über die Verwendung des von Dr. Gilles als Fumarium angesprochenen Raums mit integriertem Heizsystem gibt es unterschiedliche Deutungsmöglichkeiten. Gegen eine Verwendung als Räucherkammer zum künstlichen „Altern" des Weines spricht der Grabungsbefund. Wie schon oben erwähnt, handelt es sich um einen beheizten Eckrisalit der ursprünglichen Villa Rustica. Diese einfache Boden- und Wandheizung (ein Heizkanal in Y-Form) war weder auf so hohe Temperaturen angelegt, wie sie zum Räuchern nötig gewesen wären (das hätte einen komplett beheizbaren Boden erfordert), noch fanden sich Hinweise darauf, dass durch die Hohlsteine (Tubuli) in den Wandschächten Rauch ins Innere gelangen konnte. Vielmehr lässt sich vermuten, dass die gemäßigte Wärme des Raumes dazu genutzt wurde, die Gärung des Weines auch bei kühlen Außentemperaturen zu unterstützen. Ebenso kann er als Ruhe- und Aufwärmraum für die Kelterarbeiter verwendet worden sein. Man kann sich leicht vorstellen, dass das Treten des Weines mit bloßen Füßen bei kalten Temperaturen, wie sie entlang der Mosel im Oktober durchaus vorkommen können, eine Tortur war.

Y-Heizsystem des sogenannten „Fumariums" der östlichen Kelter.

Auffällig ist bei der östlichen Kelter das Fehlen ausreichender Lagerungsmöglichkeiten für den gepressten Most. In dieser Hinsicht bietet die westliche Kelter größere Kapazitäten, aber auch sie reichten nicht aus, den gesamten Ertrag einer Jahreslese vor Ort gären und reifen zu lassen. Man muss davon ausgehen, dass der gewonnene Most schnell abtransportiert und anderweitig gelagert wurde. Dafür kommen die großen Lagerhallen in Trier infrage, was die Frage aufwirft, ob es sich bei den Großkeltern an der Mittelmosel um Dienstleister für gleich mehrere Winzer der Umgebung oder gar um kaiserliche Domänen handelte, die arbeitsteilig arbeiteten. In diesem Fall wurde vor Ort inmitten der Weinlagen produziert und der Ertrag zentral gelagert. Durch Inschriften sind uns sowohl ein Praepositus Vinorum (in Trier) als auch weitere Beamte des kaiserlichen Hofes und der Provinzialverwaltung bekannt, die für Produktion und Verhandeln des Weines zuständig waren.

Es muss zur Zeit der Weinlese ein großes Kommen und Gehen rund um die Kelter gegeben haben. Karren fuhren die Lese heran, Schiffe machten am Anleger fest, um den gewonnenen Most in die Großkeller zu transportieren und neue leere Fässer und tönerne Amphoren für den Versand zu liefern.

Man kann sich leicht vorstellen, dass während der Weinlese bis zu hundert Personen vor Ort beschäftigt waren. Darunter müssen wir uns Saisonarbeiter sowie Sklaven und Bedienstete der kaiserlichen Verwaltung vorstellen, die untergebracht und ernährt werden mussten. Es ist noch eine offene Frage, wo diese Menschen in den wenigen Wochen untergebracht waren. Vielleicht gab es ausreichende Unterkünfte am jenseitigen Moselufer, weil vor Ort keine ausreichenden archäologischen Belege existieren. Die vorhandenen Möglichkeiten der Kelter- und Nebengebäude reichen gerade aus, um ein sehr begrenztes Stammpersonal aufzunehmen. Das Anwerben von Arbeitskräften der umliegenden Villen dürfte schwierig gewesen sein, weil sie genau zur gleichen Zeit zum Einbringen der Ernte und der eigenen Lese benötigt wurden, für die arbeitsreichste Saison im ganzen Jahr. Sowohl in Lösnich als auch in Maring-Noviand wurden Kleinkeltern gefunden, die in den Wirtschaftsbetrieb der Landvillen integriert waren. Wein wurde demnach nicht ausschließlich staatlich, sondern im kleineren Umfang auch privat produziert. Es ist selbstverständlich, dass die besten Lagen dem Staat oder vielleicht einigen Großunternehmern vorbehalten waren. Heutige Spitzenlagen wie Erdener Treppchen, Ürziger Würzgarten, Brauneberger Juffer, Graacher Himmelreich, Piesporter Goldtröpfchen u. a. liegen unmittelbar im früheren Arbeitsbereich der römischen Großkeltern.

Es bleibt noch die Frage, ob die Keltern nur für die Benutzung während weniger Wochen erbaut wurden und den Rest des Jahres brach lagen. Die Archäologie hat im Zuge der Grabungsarbeiten ausreichend Bodenproben entnommen, die ein erstaunlich reichhaltiges Ergebnis brachten: Es fanden sich Pollen und Kerne von diversen Feld- und Obstfrüchten, die auf eine weitere Nutzung schließen lassen. Außerhalb der Lese wurden die Keltern zum Lagern von Getreide und anderen landwirtschaftlichen Erzeugnissen wie Bohnen, Erbsen, Hanf oder Beeren genutzt. Der Nachweis von Brombeeren, Himbeeren, Kirschen und Holunder ist wahrscheinlich nicht (oder nicht in erster Linie) der Bereitung von Obstweinen zuzuschreiben. Sie wurden vielmehr dazu verwandt, die Farbe und das Aroma des Mostes zu verbessern. Dazu an anderer Stelle mehr.

Gesamtansicht westliche und östliche Kelter von Erden/Mosel.

Bis die Fässer platzten – Gären und Reifen

Federweißer gelingt leicht. Die in den zerquetschten Schalen und der Umgebung vorhandenen Hefen beginnen sofort mit ihrer Arbeit, den Fruchtzucker in Alkohol umzuwandeln. Bereits nach wenigen Tagen ist ein leicht schäumendes Getränk mit ca. 5% vol entstanden.

„Trocken kann jeder", lautet ein Winzersprichwort – sofern die Hefen ihre Arbeit fortsetzen und die Gärung nicht unterbrochen wird. Frei nach dieser Devise braucht man nur abzuwarten, bis die Hefen den Zucker zu Alkohol vergoren haben.

Das war aber so gar nicht im Sinne der Römer. Man wollte zwar ein Getränk, das Wirkung zeigte, liebte aber den süßen Wein und versuchte alles, diesem Ziel nahezukommen. Dies konnte nur dann gelingen, wenn der Most genug Zucker enthielt, um auch nach Abschluss der Gärung noch genügend Restsüße zu behalten. Es brauchte demnach ein gutes Jahr mit viel Sonne bis in den Oktober und zusätzlich eine hohe Risikobereitschaft, die Trauben möglichst lange an den Reben zu belassen. Eine solche Spätlese war damals wie heute ein gefundenes Fressen für Vögel und andere Schädlinge, die den Weinberg bevölkerten. Desgleichen konnten Sturm, Regen und plötzlich einsetzende Kälte die Ernte buchstäblich verhageln. Damals wie heute waren jedoch Pilzkrankheiten und die Verderblichkeit die größten Probleme bei einer längeren Reifezeit an der Rebe.

Leider war das heutige Verfahren des Schwefelns zur Unterbrechung der Gärung noch nicht allgemein akzeptiert. Es sollten noch fast zwei Jahrtausende vergehen, bis Louis Pasteur im 19. Jahrhundert das Geheimnis des Gärvorgangs lüftete.

Das zweite Problem, dem man heute ebenfalls mit Schwefeldioxid beikommt, ist die Haltbarkeit des Weines. Unter dem Einfluss von Sauerstoff beginnt der Wein schnell zu altern, wie jeder weiß, der eine Flasche lange offen stehen lässt. Er verändert Farbe und Geschmack, bis er schließlich ungenießbar wird. Einen solchen umgeschlagenen Wein mischten die Legionäre mit Wasser, um mit dieser „Posca" während des Marsches den Durst zu stillen.

Die erste römische Maßnahme, dem Wein mehr Haltbarkeit zu verleihen, bestand darin, ihn von Verunreinigungen und Hefen zu trennen. Zu diesem Zweck wurde der Inhalt der großen Gärgefäße in Amphoren, Fässer oder seltener in Flaschen umgefüllt, um darin reifen zu können. Häufig wurden diese Gefäße mit Pechen und Harzen abgedichtet und mit einem Stöpsel vergipst, was die Luft fernhalten sollte. Dies verlieh vielen Weinen einen rauchigen und harzigen Beigeschmack, der nicht bei allen beliebt war.

Amphoren mit Spitzenweinen wurden zuweilen mit einer Blechplakette versehen, die das Jahr der Abfüllung angab (Datierung nach den beiden Konsuln des jeweiligen Jahres). Häufiger tat es aber auch ein am Amphorenhenkel aufgepinselter Vermerk.

Etikettenschwindel gab es naturgemäß bereits in der Antike, weshalb dem ehrlichen Käufer oftmals nur der Glaube blieb, einen edlen Tropfen erworben zu haben.

Cicero berichtet von einem mehr als hundert Jahre alten Falerner, der in seinem Keller lagerte. Wir wissen nicht, ob er diesen sicherlich geleeartigen Sirup wirklich getrunken oder nur stolz seinen Gästen gezeigt hat. Die Quellen berichten von fünf- bis fünfzehn- oder sogar zwanzigjähriger Lagerung der Spitzenweine, bis diese voll ausgereift waren. Ein probates Konservierungsmittel bestand darin, den Wein möglichst kühl aufzubewahren. Ein römischer Weinkeller sollte nach Norden ausgerichtet sein und über ein feucht kühles Raumklima verfügen. Ebenfalls bediente man sich der unterschiedlichsten Ingredienzen, um dem Wein Stabilität oder den Anschein einer langen Lagerung zu verleihen. Das ist jedoch ein Thema des nächsten Kapitels.

Eine feste Regel besagte, dass ein Wein bereits dann als „vetus" (alt) galt, wenn ein Jahr seit der Lese vergangen war. Laut dem Preisedikt des Kaisers Diokletian aus dem Jahre 306 n. Chr. durfte man dafür den doppelten Preis verlangen.

Man hat darüber hinaus nichts unversucht gelassen und vieles ausprobiert, um die labile Haltbarkeit des Weines zu verbessern und nicht dem Zufall zu überlassen. Man wusste, dass ein hoher Restzuckergehalt stabilisierend wirkte. Deshalb werden die meisten sehr alten Weine süße Auslesen gewesen sein. Zusätzlich gab es bereits erste Versuche mit Schwefeldämpfen, was sich aber nicht durchsetzte. Das lag nicht zuletzt wohl daran, dass Schwefel die Substanz eines Tongefäßes angreift und es undicht werden lässt; er verträgt sich also nicht mit Amphoren und Weinkrügen, sondern nur mit Fässern oder Flaschen. Hitze (Räuchern) kann ebenfalls den Gärprozess oder die Alterung aufhalten und unterbinden. Wie das Schwefeln wirkt sie sich jedoch auf Qualität und Geschmack des Weines aus.

Bei den normalen Schank- oder Landweinen, die alltäglich zuhause oder in den Tavernen konsumiert wurden, dürfte es sich um jungen Wein gehandelt haben. Man tat gut daran, den Vorrat bis zur nächsten Lese getrunken zu haben, ehe er in Essig umschlug.

Insgesamt gesehen war der römische Wein unter den damals gegebenen Bedingungen wohl besser als sein Ruf. Ein Federweißer oder Rauscher dürfte sich geschmacklich kaum von den heutigen Erzeugnissen unterschieden haben. Auch der trockene, durchgegorene Wein für den Alltag hat sich, falls er nicht durch falsche Lagerung oder langes Stehenlassen umkippte, bis auf eine leicht rauchige Note nur wenig von den heutigen Massenprodukten unterschieden. Das Gleiche gilt für die Spitzenerzeugnisse der römischen Kellertechnik, die unter günstigen Voraussetzungen unseren heutigen Spätlesen ähnelten.

Man muss jedoch betonen, dass eine günstig verlaufende Gärung und Alterung eben nicht die Regel war, weil wichtige technische Voraussetzungen fehlten, die dem heutigen Winzer zur Verfügung stehen. Um diesen Nachteil auszugleichen, hatte die römische Kellertechnik ein großes Arsenal an Möglichkeiten geschaffen.

Ungesund, aufdringlich und dreist – Panschen in der Antike

Ein antiker Weinhändler aus Lyon merkte an, dass er nur ungern nach Rom gehen würde, weil er dort seinen eigenen Wein trinken müsste. Was sich hinter diesem etwas ungewöhnlichen Geständnis verbirgt, erschließt sich nach der Lektüre des folgenden Kapitels. An erster Stelle stand das Bedürfnis der Römer, möglichst süßen Wein zu trinken. Wie bereits beschrieben, gab es mehrere Hindernisse, die man überwinden musste, wenn man dieses Vorhaben in befriedigender und vor allem nachhaltiger Weise umsetzen wollte. Ein probates Mittel war das zusätzliche Süßen des Weins.

Deshalb nahm man einen Teil des frisch gepressten Mostes und kochte ihn in einem Bleigefäß bis auf ein Drittel der ursprünglichen Menge ein. Dieses sehr süße und sirupartige Konzentrat wurde „sapa" oder „defrutum" genannt. Die Verwendung eines glockenförmigen, an der Unterseite ovalen Behältnisses aus Blei setzte beim Einkochen zusätzliche Süße frei: Die Fruchtsäure löste kleine Anteile der Gefäßwand in Form von Blei(II)-acetat. Die Nebenwirkungen waren entsprechend. Viele klagten über Kopf- und Gliederschmerzen nach dem Genuss dieses „aufgesüßten" Gesöffs. Die Langzeitwirkungen dieser schleichenden Vergiftung können wir erst mit dem heutigen medizinischen Wissen beurteilen. Trotzdem gab es ein Gefühl dafür, dass es nicht gesund sein konnte; dass bei der Bleiverarbeitung giftige Stoffe anfielen, war sehr wohl bekannt. Dessen ungeachtet wurde das Verfahren gerne angewandt, was sich in dem häufigen Auffinden dieser Bleigefäße dokumentiert.

Zeichnung: Einkochgefäß.

„Defrutum" oder „sapa", das Mostkonzentrat, wurde auf zweierlei Weise angewandt. Entweder wurde es dem Most noch vor der Gärung zugegeben, um die Grundsüße zu erhöhen, oder aber man mischte den Sirup vor dem Trinkgenuss unter den zu trocken geratenen Wein. Die Zugabe von Süßmost ist auch heute noch ein probates Mittel bei der Weinbereitung – nur dass zum Glück das Bleiacetat keine Verwendung mehr findet. Das Einbringen von Holunderbeeren, Brombeeren und Kirschen, deren Überreste sich reichlich in den Keltern fanden, diente dagegen nicht dem Aufsüßen des Weins. Dieses Verfahren sollte vielmehr die Farbgebung von Rotweinen nachbessern. Wahrscheinlich wurden die stark färbenden Früchte wegen der unterschiedlichen Reifezeit vorher abgekeltert und als Säfte oder Konzentrate in den frisch gepressten Most gegeben.

Das Einstreuen von gelöschtem Kalk wurde schon bei der Erläuterung der Becken beschrieben. Es diente der Entsäuerung des Weines und sollte den Säuregehalt der Moste reduzieren und so den Geschmack verbessern. Ein gewünschter Nebeneffekt bestand in der schnellen Setzung des Kalkes, wodurch der Saft von Trübstoffen geklärt wurde. In der westlichen Erdener Kelter fanden sich die Reste von zwei Fässern, die einst mit Kalk gefüllt waren.

Die keltischen Allobroger im heutigen Burgund hatten eine spezielle Methode entwickelt, dem Wein eine harzige Note zu geben. Man nimmt an, dass er dadurch älter schmecken und die Harznote eventuelle Schwächen kaschieren sollte. Gallien war in der römischen Antike überhaupt für seine „Panscher" bekannt, deren Produkte trotzdem den Geschmack vieler Konsumenten trafen. Die Winzer hatten dort eine spezielle Mischung aus Baumharz und Rinde entwickelt, die, zu einem Pulver verarbeitet, in den frischen Most gerührt wurde. Man empfahl, die Rückstände nach einer Einwirkzeit von drei Tagen zu entfernen. Die Wiege dieses Verfahrens stand wohl in Griechenland, wo man insbesondere minderwertigen Wein noch heute gern als Retsina (resina) ausbaut.

Eine gallische Besonderheit stellte auch das Räuchern des Weins dar. Wie beim Harzen versprach man sich durch diese Methode eine rasche Alterung des Weines, was ein Qualitätsmerkmal darstellte. Weinkrüge in den Rauchfang zu hängen, war vielerorts eine (je nach Temperaturentwicklung auch kontraproduktive) Aufbewahrungsmethode für besonders „alt" erscheinende Abfüllungen. In Tateinheit mit dem weit verbreiteten Etikettenschwindel wurde so mancher Weinliebhaber geprellt und um seine hart erarbeiteten Sesterzen und Denare gebracht.

Damit noch nicht genug, scheute man sich auch nicht, dem Wein Meerwasser (Salz) zuzugeben, was ihn sanfter und haltbarer machen sollte. Als Geschmacksverstärker wirkte das Salz gleichzeitig auch.

Verwendung fanden außerdem Fenchel, Minze, Melisse, Pfeffer, Liebstöckel und andere Geschmacksgeber, um einem eher mäßigen Wein eine besondere Note zu geben oder ihn für eine halb medizinische Anwendung vorzubereiten. Der Phantasie waren offenbar keine Grenzen gesetzt.

Nicht von ungefähr gehörte ein Sieb zum Filtern des Weines in jeden Haushalt, der etwas auf sich hielt. Weinstein und die Rückstände diverser Zutaten hatten in Becher und Glas nichts verloren.

Krug, Becher und Sieb zum Filtern des Weines.

Ob an Rhein und Mosel geräuchert wurde, ist eine offene Frage. Die von Dr. Gilles als „Fumarien" gedeuteten Räume mit eingebauter Boden- und Wandheizung lassen, wie oben erwähnt, auch andere Deutungsmöglichkeiten zu.

Eine weitere Spezialität war die Zugabe von Honig sowie diversen Gewürzen und Kräutern wie Pfeffer, Koriander, Lorbeer und Zimt. Dieser als „Mulsum" bezeichnete Würzwein wurde kalt als Apéritif genossen. Es gab auch die eher medizinische Alternative, ihn zu erwärmen. Selbst Hildegard von Bingen rühmt im Mittelalter in ihrem Buch über die Heilkunde die segensreiche Wirkung des Würz- oder Honigweins.

Zu unserer Auflistung gehört auch der Trester- oder Sklavenwein, der jedoch ohne verfremdende Zutaten auskam – schon weil sie mit Kosten verbunden gewesen wären. Wie bereits beschrieben, handelte es sich um den zweiten Aufguss der Maische, was einen sehr dünnen Most ergab, der die Angewohnheit hatte, schon nach wenigen Monaten in Essig umzuschlagen. Es wurde empfohlen, ihn möglichst schnell an das Gesinde auszugeben, um so die jährlichen Weinrationen zu senken; sauberes Trinkwasser war auch in der Hochphase des Aquäduktbaus gerade auf dem Land nicht überall zu haben, also war Wein für die Sklaven kein reiner Luxus. War der Tresterwein verdorben, musste bis zum Beginn der neuen Lese richtiger Wein ausgeschenkt werden.

Das war aber noch nicht das Ende dieser als Lora bezeichneten Plörre. Mit Wasser gemischt wurde er zum Massengetränk Posca, dem Durststiller für Arbeiter und Soldaten.

Transport und Handel

Nach dem Pressen der Trauben und dem Abfüllen des Mostes begann an der Mosel der Transport, vielfach wohl in die Weinkeller der Kaiserstadt Trier. Nach einer Lagerzeit von nur wenigen Tagen wurden die gefüllten Fässer zum Anleger gebracht und auf Frachtschiffe verladen. Ein anschauliches Bild liefern die Grabmalreliefs aus Neumagen, die mit Fässern beladene und von Ruderern angetriebene Frachtschiffe zeigen.

Ergänzend sollte man hier anmerken, dass es sich nicht zwingend um den Transport von Wein handeln muss. Die Grabmäler sind zu einem Zeitpunkt entstanden (2./3. Jahrhundert n. Chr.), als der Wein zwar aus dem Süden an die Mosel geliefert, aber von dort keineswegs exportiert wurde. Es kann sich durchaus um gallischen Wein gehandelt haben, der für Trier oder die Städte am Rhein bestimmt war. Genauso gut ist aber auch eine Ladung mit Bier vorstellbar, das ebenfalls reichlich konsumiert wurde. Trotz dieses Einwandes wird der Transport von Mosel- oder Rheinwein ab dem 3./4. Jahrhundert in der dargestellten Form abgelaufen sein.

Die „Stella Noviomagi" von Neumagen. Nachbau eines römischen Transportschiffs.
Mit freundlicher Genehmigung der Ortsgemeinde Neumagen-Dhron.

Frachtschiff aus Ladenburg. Foto: Lobdengau-Museum Ladenburg

Es gibt auch die Darstellung von großen, stoßfest mit Bast gesicherten Amphoren, was eindeutig für eine Weinlieferung aus dem Süden spricht. Diese „Warencontainer" der Antike wurden weniger in unseren Breiten als in den Ländern rund um das Mittelmeer gefertigt. Es handelte sich um Einweggefäße aus Ton, die je nach Bedarf in unterschiedlichen, sehr typischen Formen getöpfert wurden: mal große, bauchige Krüge, mal lang gestreckte Formen, die unten spitz zuliefen, um standfest in eine Schicht aus Sand gebohrt zu werden. Je nach Typus fassten sie zwanzig bis siebzig Liter. Befüllt wurden sie vor allem mit Wein, Olivenöl, Getreide, konservierten Fischstücken oder Fischsauce. Nach dem Transport wurden sie in der Regel entweder zerschlagen und zu Bauzwecken umgewidmet oder gleich weggeworfen, weshalb sie noch heute in großer Anzahl bei Grabungen gefunden werden. Der mehr als dreißig Meter hohe Monte Testaccio in Rom, in der Nähe des alten Hafens gelegen, besteht fast ausschließlich aus den Überresten kaiserzeitlicher Amphoren und Gefäße.

Römische Amphore für Fischsauce aus Ladenburg. Foto: Lobdengau-Museum Ladenburg

Das im nördlichen Gallien und Germanien vorherrschende Fass setzte sich erst allmählich in den anderen Regionen des Imperiums durch. Welcher Wert dem Fass für den Weintransport an Rhein und Mosel zukam, wird am Abbild des gallorömischen Gottes Sucellus deutlich. Der Gott der Winzer und Küfer wurde stets mit einem Schlegelhammer und einer Weintraube abgebildet.

Der Transport zu Land erfolgte in Karren und Lastwagen aller Größen. Wein in Flaschen zu verhandeln war eher ungewöhnlich. Eine seit der Antike ungeöffnete Flasche mit Römerwein wurde als Grabbeigabe aus dem 4. Jahrhundert in Speyer gefunden. Obwohl sich der Inhalt in seine Bestandteile zerlegt hat, stellt dieser Fund ein einzigartiges Relikt der römischen Vergangenheit am Rhein dar.

So gut der Wein an Mosel und Rhein auch gewesen sein mag, gibt es keine Hinweise darauf, dass er in ferne Provinzen verhandelt wurde. Als heimatliches Produkt bediente er den lokalen Markt. Weine der gehobenen Qualität gingen an den Kaiserhof, die Provinzialverwaltung und an vermögende Abnehmer, während die durchschnittlichen Erzeugnisse für Stadt und Land in den germanischen und belgischen Provinzen bestimmt waren. Dagegen waren auch einfache Soldaten so zahlungskräftig, dass sie sich durchaus bessere Qualitäten und Importweine leisteten; ein Centurio kam in seiner Kaufkraft bereits dem Mitglied eines Stadtrats gleich und verfügte gelegentlich sogar über silbernes Weingeschirr.

DER WERT DES WEINES

Wein galt in der römischen Antike als ein Grundnahrungsmittel, das allen Bevölkerungsgruppen zugänglich war. Gemeint sind damit Erzeugnisse minderer Qualität, die von den unteren Bevölkerungsschichten in Massen konsumiert wurden. Das galt vor allem für die jungen, unterjährigen Weine, die zu einem Bruchteil des Preises eines Spitzenprodukts zu haben waren.

Wein war ein enormer Wirtschaftsfaktor in der römischen Antike. Je nach Lage wurde regulierend oder fördernd in den Weinbau eingegriffen.

Domitian erließ zugunsten der italischen Winzer ein Importverbot für Wein aus den Provinzen in das Kernland des Imperiums.

Kaiser Probus förderte laut einer – leider mit guten Gründen als Erfindung verdächtigten – biographischen Notiz den Weinbau, indem er dieses Importverbot zweihundert Jahre später wieder aufhob und angeblich sogar das Heer in die Weinberge einrücken ließ, um Terrassen anzulegen und neue Anbauflächen zu schaffen. Das soll, so der phantasievolle Autor, einer der Gründe für seine Ermordung gewesen sein.

Den unglücklichen Probus als Vater des Weinbaus an Rhein und Mosel zu feiern, wäre jedoch ein bis zwei Jahrzehnte zu früh gegriffen. Erst der Aufstieg Triers zur kaiserlichen Residenz und der Dienstantritt von Constantius Chlorus (293 n. Chr.), des Vaters des großen Konstantin, als Caesar des Westens können als Initialzündung für den großflächigen Weinanbau gedient haben. Der Bedarf des Hofstaates mit mehreren tausend Mitgliedern und die Vergrößerung des spätantiken Heeres schufen eine Nachfrage, die der Handel wohl nicht mehr ausreichend abdeckte.

In der – wohl wirkungslos gebliebenen – Höchstpreisverordnung von Kaiser Diokletian ist explizit dargelegt, dass junger Wein zur Hälfte des Preises „alter" Erzeugnisse zu beziehen war. Grund für diese Maßnahme dürften die Weinlieferungen an das Militär gewesen sein, dessen Interessen auch sonst im Zentrum des kaiserlichen Edikts stehen. Jeder Soldat hatte ein Anrecht auf sein tägliches Deputat von bis zu einem Liter Wein, von Käufen aus eigener Tasche ganz abgesehen. Die gleiche Menge stand auch einem Bediensteten oder einem Sklaven in den ländlichen Betrieben zu. Auf dem Land mussten Teile der Abgabenpflicht an den Staat nunmehr in Naturalien statt Geld beglichen werden, die besonders für die Versorgung der Armee gedacht waren – wohl ein weiterer Grund für die spätantike Steigerung der Anbauflächen im Nordwesten.

Der vermögende Liebhaber edler Tropfen, ob Soldat oder Zivilist, war hingegen bereit, ein kleines Vermögen für einen Spitzenwein herzugeben. In der Literatur gibt es genügend Beispiele von spendablen Gönnern, die ihre Gäste mit den Schätzen ihrer Weinkeller beeindruckten. Auch die Politik zeigte sich oft von ihrer spendablen Seite. Von Caesar wird berichtet, dass er das Volk von Rom mit den geschätzten und nicht billigen Sorten Mamertiner, Lesbier und Chier beglückte. An zwanzigtausend Tischen sollen sich die Bürger auf seine Kosten gelabt haben.

Die Wein- und Trinkkultur

Wasser und Wein

Aus den Quellen wissen wir, dass die Römer ihren Wein nur in Ausnahmefällen pur genossen haben. Es galt sogar als unschicklich, ja barbarisch und als sicheres Zeichen von Alkoholismus, ihn ohne Zugabe von Wasser zu sich zu nehmen. Man nannte dies „thrakisch", „skythisch" oder sprach einfach von „merum", womit „purer (Wein)" gemeint ist. Es haben sich Spruchbecher gefunden, die dieses Wort ziert. Obwohl wir auch heute eine Schorle nicht verachten, mutet uns diese Empfehlung befremdlich an. Doch dafür gab es triftige Gründe.

Die römischen Weine waren in der Regel durchgegoren und hatten einen relativ hohen Alkoholgehalt. Bei den süßen Weinen, die noch über genug Restzucker verfügten, hatte sich zudem bei langer Lagerung die Konsistenz verändert. Die Weine wurden bei reduzierter Menge dickflüssig bis sirupartig, auch weil vor allem bei Amphoren und Vorratsgefäßen (Dolien) ein Teil des Wassergehalts durch die Poren nach außen wanderte, wo er sich in der Außenluft verflüchtigte. Der dabei auftretende Kühleffekt kam dem Inhalt indirekt zugute, ließ ihn aber eindicken. Ob sich das Weinwunder von Kana auf diesen Umstand zurückführen lässt, ist eher eine Glaubensfrage.

Es gab keine festen Vorschriften bei der Zugabe von Wasser, nur Empfehlungen. Ein gängiges Maß war die Zugabe von zwei Teilen Wasser auf drei Teile Wein. Es gab aber auch die Mischung 1:2 oder 1:3. Im Einzelfall wird jeder seine individuelle Entscheidung getroffen haben, die vom Zeitpunkt und dem Anlass des Trinkens sowie dem Zustand des Weins abhängig war. Bei Gastmählern und vor allem bei der folgenden „commissa-tio", dem eigentlichen Trinkgelage, war es üblich, einen „Rex bibendi" (Trinkkönig) zu bestimmen, der das Mischungsverhältnis vorgab. In der Regel wurde das Mischen vor den Anwesenden mit einem Gefäß (Krater) und einer Kelle zelebriert. Nicht selten arteten diese Zusammenkünfte trotzdem in den Genuss des unverdünnten Weines aus. Das direkte Mischen im Becher war eher bei kleineren Zusammenkünften üblich.

In den Tavernen wird man sich beim Mischen zurückgehalten haben. Man konnte nicht sicher sein, dass der sparsame Wirt nicht schon vorher den Wein mit einer Portion Wasser gestreckt hatte. „Nachwässern" konnte man im Becher immer noch.

An dieser Stelle möchte ich kurz auf die Rolle der Frau beim Weingenuss eingehen. Es gab immer wieder Bestrebungen, sie davon auszuschließen, gern unter Verweis auf angebliche altrömische Sitten aus der ‚guten alten Zeit'. Die Häufigkeit dieser Versuche spricht für die Zwecklosigkeit des Unterfangens. Verbot hin oder her, die Frauen haben es sich zu keinen Zeiten nehmen lassen, dem Wein wie ihre Männer zuzusprechen.

„Wer da glaubt, dass Acerra noch riecht nach dem Weine von gestern, irrt sich: Acerra trinkt stets bis in den hellichten Tag." (Martial)

Der Sucellus von Kinheim. Nach einem römischen Original.

Die Griechen und nach ihnen die Römer sprachen dem Wein göttliche Fähigkeiten zu. Daher verwundert es nicht, dass es einen Gott des Wein(rausch)es gab, der Dionysos (gr. Beiname Bacchos) genannt wurde. Bacchus überlagerte dann bei den Römern den altrömischen Liber pater, den Gott der Befruchtung und des Weines.

Dargestellt wird der Gott mit weinlaubbekränztem Haupt und einem ebenso geschmückten Stab. Oft hält er noch einen Weinbecher in der Rechten. Begleitet wird Bacchus von Leoparden oder Panthern und seinem lärmenden Gefolge. Diese sinnesfreudigen Satyrn und Mänaden vollführen mit Flöten, Zimbeln und Schellentrommeln (Tambourine) eine betörend schrille Musik.

Bacchus galt als Erlöser von Kummer und Sorgen, wobei man jedoch auch seine dunklen Seiten, wie Unberechenbarkeit und Gefährlichkeit, nicht verkannte. Die orgiastischen Bacchanalien erregten nach den Punischen Kriegen den Ärger des Senats, der diese Art der Kultausübung in geschlossenen Vereinen untersagte, weil er die Bildung überregionaler Geheimbünde befürchtete und sich antigriechischer Vorurteile bediente. Die Blütezeit der Bacchusverehrung als Mysterienkult fällt in das 2./3. Jahrhundert n. Chr. Als Erlöserkult stand er neben der Mithrasverehrung und dem aufkommenden Christentum, das einige Elemente aus der Bildsprache der Bacchusverehrung und der Landschaftsidylle allgemein (Reben, Weinlaub) für sich adaptierte.

An Rhein und Mosel wurde neben Bacchus der bereits oben erwähnte Sucellus, der Gott der Küfer und Winzer, verehrt. Seine Insignien sind der Schlegel zum Zusammenfügen der Fässer und eine Weinrebe.

Neben den Feiern zu Ehren des Bacchus gab es noch andere Feste, die dem Wein und seiner gesellschaftlichen Bedeutung geschuldet waren.

Am 23. April feierte man auf dem Land die „vinalia priorae", die dem jungen Wein gewidmet waren. Ab diesem Tag kam der im Vorjahr gekelterte Wein in den Verkauf; er ist grob gesagt mit der heutigen Jungweinpräsentation vergleichbar, bei der die Winzer ihren neuen Wein erstmalig der Öffentlichkeit vorstellen.

Anlässlich der „vinalia rustica" am 19. August erbat man sich Schutz für die reifenden Trauben gegen die Unbilden des Wetters, die Jupiter von Blitz und Platzregen verschonen sollte.

Beim Fest der Weinlese im September, das vornehmlich in und um die Keltern gefeiert wurde – selbst Kaiser wie Antoninus Pius und seine Familie besuchten dann gern ein Landgut und spielten ein paar Tage Winzer –, kredenzte man hauptsächlich Federweißen.

Anlässlich der „meditrionalia" kam am 11. Oktober zum Abschluss der Hauptlese der frische Most gemeinsam mit altem Wein auf den Tisch.

Neben diesen Festen zu Ehren des Weines gab es noch zahlreiche andere Anlässe, an denen der Rebensaft in Strömen floss. Stellvertretend sind besonders die Saturnalien, entfernte Vorläufer des heutigen Karnevals, zu nennen, die vom 17. bis zum 23. Dezember ausschweifend in Stadt und Land gefeiert wurden. Nicht von ungefähr gelten die römischen Metropolen am Rhein wie Köln und Mainz als Hochburgen des heutigen Karnevals.

Neben der betörenden und sinnesfreudigen Wirkung des Weines bei Kummer und Sorgen wurden auch seine heilenden Eigenschaften als eine Wohltat der Götter gesehen.

„Der Nutzen des Weines kann der Macht der Götter gleichkommen."

Diesen Ausspruch schrieb der Staatsbeamte und Hobbygelehrte Plinius d. Ä. dem griechischen Arzt und Heilgott Asklepios zu.

Gemeinsam mit dem Honig galt der Wein als das Universalheilmittel der Antike. Die Verbindung der beiden, der Würzwein „Mulsum", muss demnach einer Wunderwaffe gegen alle möglichen Krankheiten gleichgekommen sein, wenn man nur nach der Anzahl der Ratschläge geht. Richtig ist, dass er, in medizinischer Dosis eingesetzt, beruhigend auf das vegetative Nervensystem einwirkt. Aber nicht nur bei nervösen Beschwerden wurde der Wein als Heilmittel verordnet. Der Leibarzt Marc Aurels, Galen, empfiehlt ihn bei Magenbeschwerden. Des Weiteren befeuchtete er die Verbände von verwundeten Gladiatoren mit Wein, um Entzündungen zu verhindern.

Augenleiden, Potenzstörungen, Kreislaufprobleme, Erkältungen und viele andere Gebrechen wurden ebenfalls mit Wein behandelt. Die größte Wirkung, vor allem in bakterizider Hinsicht, ging antiker Meinung nach vom lange gelagerten, älteren Wein aus.

Die antiken Ärzte wussten aber auch um die Gefahren, die eine Überdosierung des Weins mit sich brachte. Alkoholismus mit seinen medizinischen und sozialen Folgen war ihnen nicht verborgen geblieben. Sie rieten deshalb zu Mäßigung und einem verantwortungsvollen Umgang mit der Gabe der Götter – vielfach vergeblich. Kaiser wie Tiberius und Trajan waren selbst nach antiken Maßstäben für ihren exzessiven Weinkonsum bekannt.

DER WEIN IN WORT UND BILD

Was die Menschen den Göttern verdankten, haben sie auch in römischer Zeit in Literatur und Kunst gepriesen.

Schroff aufragende Giebel der Villen am Hange des Ufers,
Hügel umkränzt mit des Weinstocks Grund – lieblich zu schauen –
sacht hingleitend der Strom der friedlich murmelnden Mosel (…)
…Jetzt eröffne einen anderen Festzug das Schauspiel der Reben
und erfreue den schweifenden Blick der Gabe des Bacchus:
dort wo die krönende Kuppe in langem Zug über dem Steilhang,
dort wo Felsen und sonniger Grat in gewundenem Bogen
weinstockbesetzt sich erhebt, ein natürlich entstandenes Theater…

Mit diesen Versen besingt der römische Dichter Ausonius die Mosel, als er nach langer Reise oberhalb von Piesport auf die unter ihm ausgebreitete Moselschleife blickt.

Decimus Magnus Ausonius, geboren in Bordeaux (Burdigala), war einige Jahre zuvor (366 n. Chr.) als Erzieher der Kaisersöhne Gratian und Valentinian an den Hof Valentinians I. nach Trier berufen worden. Wohl im kaiserlichen Auftrag hat er die „Mosella" nach den Wirren der vergangenen Germaneneinfälle verfasst und damit ein in weiten Teilen realistisches, wenn auch etwas geschöntes Bild des Trierer Umlandes gezeichnet. Literarisch gesehen einer der Höhepunkte spätantiker Poesie.

Vor Ausonius hatten sich bereits viele andere dem Thema Wein gewidmet und damit einige der schönsten Zeugnisse römischer Satire geschaffen.

Horaz preist den Wein als Lebenselixier und Inspiration. Für ihn ist ein Leben ohne Wein nicht denkbar, jedenfalls kein lebenswertes. Weil es für ihn kein Weiterleben nach dem Tod gibt, soll man alle Freuden des Diesseits auskosten.

Catull, selbst gefährlich stolz auf seinen hohen Weinkonsum, fordert in einem seiner handfesten Trinklieder:

„Doch du, Wasser, geh fort, wohin du Lust hast,
Du Verderben des Weins, und geh zu Muckern (Spaßbremsen)!
Hier gibts jetzt nur noch reinen Dionyser."

Juvenal und Martial verdanken wir köstliche Szenen im Zechermilieu des antiken Roms, in denen die bissigen Satiriker nicht müde werden, auf allzu menschliche Schwächen einzugehen.

Den literarischen stehen die künstlerischen Überbleibsel der römischen Weinkultur in nichts nach. Unübersehbar ist die Menge der in Stein gemeißelten Darstellungen, der Mosaike, Fresken und kultischen Geräte, die den Wein thematisieren. Hinzu treten die Ausschmückungen der tönernen, hölzernen und gläsernen Gegenstände des alltäglichen Lebens wie Becher, Krüge, Schalen, Teller, Prunkgefäße, Möbel …

Religiöse und mythische Darstellungen sowie Szenen des alltäglichen Lebens werden eingerahmt von der Ornamentik aus Reben, Eroten und Fabelgestalten. Ideallandschaften sind ohne Weinranken nicht komplett. Selbst das über die paganen Kulte triumphierende Christentum konnte und wollte sich dem nicht ganz entziehen. Wie selbstverständlich wandeln Adam und Eva unter wucherndem Weinlaub und prallen Trauben. Wein war Lebensgefühl und Mainstreamkultur einer ganzen Epoche.

Alleine die Grabdenkmäler aus Neumagen füllen mehrere Säle im Trierer Landesmuseum. Sie erzählen uns von Weinhändlern und Transportunternehmern, die das Geschäft mit dem Wein zu reichen Männern gemacht hat.

Nachbildung des Weinschiffs von Neumagen.

An dieser Stelle muss noch einmal betont werden, dass die vom Ende des 1. bis zum Beginn des 3. Jahrhunderts n. Chr. entstandenen Bildnisse und Reliefs nicht den Anbau von Reben an der Mosel dokumentieren. Bunt bemalt reihten sie sich entlang der Ausfallstraßen der großen Metropole an der Mosel und erzählten, wie heute die Reklametafeln in den Gewerbegebieten, von Ruhm und Reichtum der Stifter. Der Reisende wusste damit schon vor dem Betreten der Stadt, welche Lieferanten, Dienstleister, Transportunternehmer und Fabrikanten er bei Bedarf kontaktieren konnte. Der Ruhm des Verstorbenen trug zum Gewinn seiner Nachkommen bei. Die Dekore entsprachen dem Geist der Zeit, in der Weingenuss für ein bestimmtes Lebensgefühl stand. Die Grabmonumente wurden jedoch abgebrochen und die Quader und Bildnisse als Baustoffe zur Fundamentierung der Neumagener Festung verwandt – ironischerweise, als die großen Weinlagen gerade erschlossen wurden.

BECHER UND KRUG

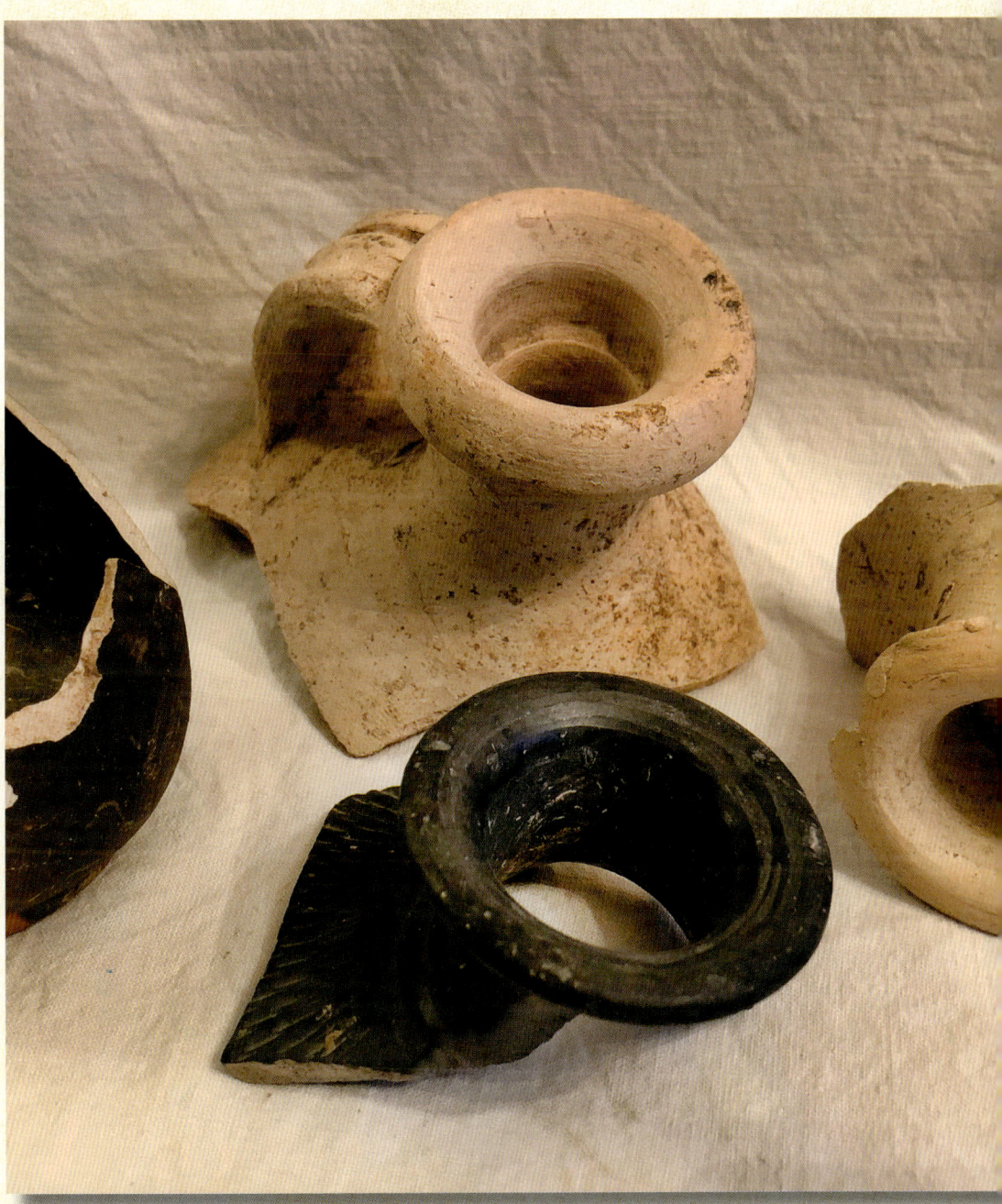

Bruchstücke von römischen Weinbechern und Krügen.

Unübersehbar ist auch die Fülle römischer Gefäße. Alleine die Zahl ihrer Scherben dokumentiert die Präsenz, die der Wein im alltäglichen Leben der damaligen Menschen einnahm. Dabei hat jede Epoche ihren eigenen Stil in Form und Dekoren entwickelt.

Die einzige Konstante stellten die Trinkgefäße dar, derer sich die kleinen Leute, Soldaten und Tavernenbesucher bedienten: einfache, konische Becher ohne Dekor und Ausschmückung. Gefüllt wurden sie aus Krügen, die nach dem Gebrauch häufig entsorgt wurden und die Abfallgruben und Latrinen füllten.

Die besseren Erzeugnisse des 1. und 2. Jahrhunderts protzten mit manieristisch ausgeschmückten Trinkbechern aus rotem Glanzton (Terra Sigillata). Auf ihnen prangten reliefierte, szenische Darstellungen des Weins, der Mysterien, der Gladiatoren oder von wilden Tieren.

Gesichtsbecher und Krüge gab es vom 1. bis ins 5. Jahrhundert n. Chr. Die älteren, noch keltisch inspirierten Formen waren sehr plastisch ausgestaltet. Im 3. und 4. Jahrhundert überwog das Oberflächendekor.

Das späte 3. Jahrhundert brachte die Trierer Spruchbecher (eine moderne Bezeichnung) hervor, die mehr als hundert Jahre lang in Gebrauch waren. Auf schwarzer Glanztonoberfläche wurden mit weißem Tonschlicker Dekor und Sprüche aufgemalt. Das Repertoire der Sprüche reicht von fordernden Wünschen („Gib reinen Wein") und Grußformeln („Salve") bis hin zu derben Zoten, in denen die Vorzüge der Wirtstochter gepriesen wurden. Man stellte sie in allen Größen und sogar als Spezialanfertigungen für Grabbeigaben her.

Es gab auch zu allen Zeiten Glasbecher, die eher die Tische der betuchten Kundschaft zierten. Das antike Köln war für seine Glasblasereien bekannt. Goldene und silberne Becher konnte man schon damals stehlen. Einige besonders spendable oder angeberische Gastgeber gaben sie manchmal den betrunken nach Hause wankenden Gästen mit auf den Weg.

Die kostbarsten Trinkgefäße waren die Diatretgläser des 4. Jahrhunderts. Doppelwandig, durchscheinend und noch dazu meist vielfarbig, wurden ihre Netz- und Stegmuster in mühevoller und kunstfertiger Kleinarbeit aus einem einzigen Glasblock herausgeschliffen.

Repliken von Glanztonbechern mit Krug.

Repliken von Trierer Spruchbechern.

Replik eines Glasbechers.

Erdener Treppchen

Julius Bassus und die Scalae Arduenae

Vier Wochen im Leben eines römischen Domänenverwalters

Treveris, im 22. Jahr der Herrschaft des großen Konstantin (328 n. Chr.)

„Ich werde das nicht länger dulden!"

Flavius Dardanus, der Kanzleileiter der Gallischen Präfektur, hatte seine Gesichtsfarbe gewechselt. Ein dunkles Rot war an die Stelle der vornehmen Blässe getreten. Er wischte sich mit einem Seidentuch über die feuchte Stirn und bedachte seinen Kellermeister mit einem funkelnden Blick. Wer es gut mit dem übergewichtigen kleinen Mann in den Fünfzigern meinte, musste befürchten, dass ihn in solchen Augenblicken der Schlag treffen könnte.

„Wie soll ich das bloß dem Magister Officiorum des Kaiserhofes erklären? Und was glaubst du, was erst der Caesar Constantinus, Sohn des großen Konstantin, dazu sagt?" Julius Bassus blickte auf die Papyrusblätter in seinen Händen, weil er seinem aufgelösten Vorgesetzten offenbar nicht weiterhelfen konnte.

„Du!", fuhr Flavius Dardanus wild gestikulierend fort und richtete den üppig beringten Zeigefinger der Rechten gegen die Brust seines Gegenübers. Dann hielt er inne und richtete seine verrutschte Dalmatika. „Du siehst nach dem Rechten und sorgst dafür, dass das umgehend aufhört. Hast du mich verstanden?"

„Und was soll ich deiner Meinung nach tun?", fragte Julius Bassus in ruhigem Ton. Er hoffte, dass sein Vorgesetzter, der für seine Wutausbrüche bekannt war, sich wie üblich bald beruhigen würde.

Dardanus holte tief Luft, ehe er fortfuhr.

„Du begibst dich umgehend zu unseren Weingärten in Arduena und beaufsichtigst die Lese. Nimm das nächste Schiff, das die Mosel abwärts fährt."

„Das kann Wochen dauern", gab Julius Bassus zu bedenken. „Wenn überhaupt haben die gerade erst mit der Lese begonnen." Er straffte seinen Rücken und sah auf den um einen Kopf kleineren Kanzleichef herab. Wohlweislich hatte er es unterlassen darauf hinzuweisen, dass allein die Hin- und die Rückreise mehr als drei Tage in Anspruch nehmen würde.

„Ja, und?" Dardanus setzte sich in seinen erhöhten Armsessel. Er hasste es, von seinem groß gewachsenen Weinvorsteher an seine körperlichen Nachteile erinnert zu werden. Es war ihm ebenfalls nicht entgangen, dass seine Frau dem dunkelblonden früheren Offizier der Palastgarde bei jeder Gelegenheit bewundernde Blicke zuwarf. Trotz seiner blauen Augen und der athletischen Figur musste dieser Bassus es erst mal so weit bringen wie er selbst. Er war bestimmt ein halber germanischer Bastard, den die

Gunst der Stunde nach oben gespült hatte. „Und wenn es einen Monat dauert! Ich will Ergebnisse sehen. Und die werden wir nicht vor der Palasttüre finden, sondern nur dort, wo man Schlampereien bewusst vertuschen kann. Sei froh, dass ich dich nicht noch weiter den Fluss hinab schicke."

„Wie Deine Magnifizienz es will."

Julius Bassus rückte seinen Mantel mit der goldenen Fibel zurecht, deutete eine Verbeugung an und verließ erhobenen Hauptes den Raum. Es dauerte, bis er über die endlosen, mit Mosaiken und Marmor geschmückten Flure den Ausgang aus dem Officium des Präfekten erreicht hatte.

Draußen folgte er noch einige Schritte der Straße in Richtung der Palastaula. Plötzlich zögerte er, als wenn er es sich anders überlegt hätte. Er bog in eine Seitengasse ein, an deren Ende schon von Weitem das Schild mit der aufgemalten Amphore und der üppigen Traube zu sehen war. „Felix vinitor", „Zum glücklichen Winzer" stand weithin lesbar in eleganten Lettern darunter geschrieben.

Julius querte die mit Gästen besetzte Porticus, trat in die Schankstube ein und setzte sich an seinen gewohnten Platz nahe beim Eingang. Von hier konnte er alles beobachten und von der Straße nicht gesehen werden.

„Wie immer, Tribun?"

Der Wirt war eilfertig aus dem Hinterzimmer an seinen Tisch geeilt, um seinen früheren Offizier zu begrüßen. Mit seinen rötlichen, keltischen Haaren und seiner untersetzten Figur konnte Sextus Biber seine Herkunft aus den nahen Waldbergen nicht verleugnen. Julius erinnerte sich gerne an die Zeiten, als sie gemeinsam gegen Franken und Alamannen zu Felde gezogen waren. Ein gut bezahltes Amt am Kaiserhof hin oder her, bei den Palatini der Palastwache hatte er auch nicht schlecht gelebt. Gerade heute würde er sofort wieder tauschen, wenn er die Wahl hätte.

Sextus Biber stellte ihm einen schwarz glänzenden und mit weißen Verzierungen versehenen Becher auf den Tisch. „Merum" prangte in großen Buchstaben auf der Vorderseite. Julius liebte diese etwas aus der Mode geratenen Spruchbecher, von denen er eine erstaunliche Menge in seinem Haus gesammelt hatte. Nach Größe und Sprüchen geordnet, füllten sie ein ganzes Wandregal. Die teuren gläsernen Becher aus der Colonia und einige individuell angefertigte Gesichtskrüge bewahrte er für besondere Gelegenheiten in einem Schrank auf. Kein neugieriger Besucher sollte sehen, dass sie das Konterfei seiner Vorgesetzten oder einiger verflossener Liebschaften trugen.

Ein Lächeln zuckte über die Züge des kaiserlichen Kellermeisters. Biber würde den ihm angestammten Becher niemals einem anderen Gast geben. „Wie immer, Centurio. Aber reinen Wein, wie es hier steht." Er wies auf den Becher. „Ohne Wasser."

„Halt", hielt er den Wirt noch einmal auf, der gerade nach hinten eilen wollte. „Hast du etwas von den Scalae Arduenae?"

„Und wie, Tribun." Ein Leuchten zog über das Gesicht des Wirtes. „Was Besseres hat die Mosella nicht zu bieten. Eine drei Jahre alte Spätlese. Süß, aber elegant." Er rieb sich in ehrlicher Begeisterung die Hände und strahlte seinen ehemaligen Vorgesetzten an.

„Dann her damit!", antwortete Julius voller Erwartung und lehnte sich in seinen Stuhl zurück. Während er allein war, ließ er seine Blicke in der vertrauten Gaststube herumwandern. Seit zehn Jahren hatte sich nichts an der Einrichtung verändert. Hier hatte er auch seine Frau kennengelernt, die leider vor einigen Jahren in der Blüte ihrer Schönheit mit nur achtundzwanzig Jahren verstorben war. Sabina war die Nichte des Wirtes gewesen und hatte ihm von Zeit zu Zeit in der Gaststube ausgeholfen. Julius konnte es bis heute nicht verstehen, warum die Götter sie ihm so früh genommen hatten. Er musste lächeln, als er daran dachte, dass Sabina solche Gedanken niemals geduldet hätte. Als Christin hatte sie vergeblich versucht, ihn zu ihrem Glauben zu bekehren. Es wurde allmählich Zeit, dass er sich eine neue Gefährtin suchte. Das würde ihn zumindest vor den unzüchtigen Anspielungen von Helena Dura, der hässlichen Frau seines Vorgesetzten Flavius Dardanus, bewahren.

„Julius Bassus", wurde er aus seinen Gedanken aufgeschreckt. „Wusste ich doch, dass ich dich hier treffe."

Er schaute hoch und nickte seinem Freund Livius Ursinus zu, der unbemerkt an seinen Tisch getreten war. Ursinus war für die Getreide- und Öllieferungen an den Kaiserhof zuständig und arbeitete mit ihm auf dem gleichen Flur des Officiums.

„Setz dich zu mir", forderte Julius seinen Freund auf und wies auf den leeren Platz an seinem Tisch.

„Da hat der große Princeps aber wieder mächtig aufgetragen", kam Ursinus ohne Umschweife zur Sache. „Das war in allen Räumen deutlich zu hören."

„Kann ich mir vorstellen. Ich war schließlich dabei." Julius lachte kurz, wurde aber sofort ernster. „Unrecht hat er nicht. Da kommt einiges auf uns zu. Und ich soll es aufklären."

„Um was geht es?" Livius Ursinus hob den Kopf und sah sein Gegenüber aufmerksam an.

„Ich habe deinem Freund auch einen Becher gefüllt", unterbrach der Wirt das Gespräch der beiden und stellte den Wein auf den Tisch. „Das vertreibt die Sorgen."

„Wenn das so einfach wäre." Julius nahm seinen Becher, roch daran, prostete Ursinus zu und nahm einen prüfenden Schluck. Bedächtig wälzte er die Flüssigkeit im Mund und ließ sie dann langsam herunterrinnen. „Nicht übel", meinte er und schaute seinen Freund fragend an.

Ursinus tat es ihm gleich und nahm ebenfalls einen prüfenden Schluck. „Der ist nicht aufgesüßt", stellte er fachmännisch klar. „Eine sehr späte Lese von der Mosel? So um die drei Jahre alt? Schmeckt besser als die Plörre, die der Vicarius der Kelter von Noviomagus mir vor ein paar Wochen angeboten hat."

„Das will ich meinen", lobte Julius und schaute den Wirt an, über dessen Gesicht ein breites Grinsen zog.

„Ja, da hat einer lange mit der Lese gewartet", fuhr Julius fort. „Und dann den Most sorgfältig abgestochen. Vielleicht ein bisschen Mostkonzentrat, aber es hält sich in Grenzen. Der Wein ist mindestens zwei Jahre gereift."

„Unbedingt", stellte der Wirt selbstbewusst klar. „Ich habe ein Fass davon vor zwei Jahren gekauft und ihm den besten Platz im Keller gegeben."

„Dann bring uns bitte noch zwei Sextarii (ca. 1 Liter) davon in einem Krug, Patronus. Ich zahle." Ursinus hatte wohl seinen spendablen Tag.

„Jawohl, Domine", bekräftigte der Wirt eilfertig. „Das macht eine Siliqua für den Krug und sechs Folles für die beiden Becher."

„Die übernehme ich", warf Julius ein und legte die Kupfermünzen auf den Tisch. „Und jetzt lass uns in Frieden, Centurio. Wir haben zu reden."

„Hat Sucellus dem Mann mit seinem Hammer auf den Kopf geschlagen?", fragte Livius Ursinus entrüstet. „Eine ganze Siliqua?"

„Der Wein ist es wert", antwortete Julius amüsiert. „Vielen Dank für die Einladung." Ursinus brummte etwas in sich hinein, nickte dann aber. „Dann lass hören, was du mir eben sagen wolltest."

„Also", begann Julius. „Es mehren sich die Beschwerden des Militärs über die Qualität des ausgelieferten Weins. Bei einigen Einheiten am Rhenus soll es deswegen zu Ausschreitungen gekommen sein. Zu dünn, verdorben oder gleich purer Essig. Dabei sind wir angehalten, nur guten Wein zum festgesetzten Preis an die Truppe auszuliefern. Das mag ja für den Wein gelten, den wir aus den Kellern der Treveris (Trier) an den kaiserlichen Hof ausgeben. Was aber von den Domänen direkt an das Heer geliefert wird, ist oft nur eine fade Plörre."

„Verstehe ich nicht", entgegnete Ursinus. „Die Anbauflächen vergrößern sich von Jahr zu Jahr und das Lesegut war wegen der heißen Sommer noch nie so gut."

„Ich soll der Sache jedenfalls nachgehen", fuhr Julius fort. „Es geht morgen mit der ersten Flussgaleere nach Arduena. Du wirst mich erst in ein paar Wochen wiedersehen." „Dann bring guten Wein mit", scherzte Ursinus. „Ich habe gehört, dass sie dort eine zweite Kelter neben die alte gesetzt haben." Er hielt kurz inne und nahm einen tiefen Schluck. „Rote Felsen, üppige Rebenhänge und schöne Mädchen. Was willst du mehr? Du musst dich nur vor dem Domänenverwalter, einem gewissen Crassus Bibulus, in Acht nehmen. Der wollte mich vor einem Jahr mit einer Weizenlieferung übers Ohr hauen. Auf der anderen Moselseite wird viel Getreide angebaut, das nach der Ernte in den Keltern zwischengelagert wird." Er fasste sich in theatralischer Entrüstung an den Kopf. „Gerste statt Weizen, Julius. Ein übler Kerl. Der soll auch mit dem Oberverwalter der dortigen Domänen in Porto Pigontio gemeinsame Sache machen. Noch so ein Halsabschneider." Livius Ursinus hatte leicht zu lallen begonnen.

„Du meinst diesen Vintricius?" Julius winkte ab und wedelte mit dem leeren Krug in Richtung des Wirtes. „Bring noch einen, Centurio. Du wirst mich die nächsten Wochen nicht sehen, weil ich deinem Wein in Arduena einen Besuch abstatten werde."

Julius hatte im Heck des Schnellruderers Platz genommen und hielt seinen Kopf in die frische Brise. Zu Beginn der Reise war ihm schlecht gewesen und er hatte kämpfen müssen, um sich nicht zu übergeben. Erst gegen Mittag hatte sein Kopf zu schmerzen aufgehört. Vielleicht war der Wein des Centurios doch nicht so gut gewesen, wie er behauptet hatte? Wahrscheinlich hatten er und sein Freund es aber einfach übertrieben. Er war erst nach zwei weiteren Krügen spät in der Nacht nach Hause gekommen. Ein Wunder, dass er nicht verschlafen und das Schiff noch rechtzeitig erreicht hatte.

Zum ersten Mal an diesem Tag hatte er einen Blick für die Landschaft, die unter der schnellen Fahrt des Schiffes an ihm vorüberzog. Mittlerweile lachte die Spätsommersonne von einem wolkenlosen, blauen Himmel herab und brachte das leicht herbstlich eingefärbte Laub der Weinreben zum Leuchten. Herrschaftliche Villen zogen auf der den Rebenhängen gegenüberliegenden Flussseite vorbei. Aus dem bunten Grün der Weingärten grüßten von halber Höhe einzelne Grabtempel herab und hinter jeder Flussbiegung fiel das Auge auf kleinere Ortschaften mit Schiffsanlegern und Lagerschuppen.

„Die Festung Noviomagus", sagte der Schiffsführer, der zu Julius getreten war.

Mächtige Mauern und Türme krönten das höhergelegene Ufer über dem kleinen Hafen, in dem ein halbes Dutzend Lastkähne und Flussgaleeren festgemacht hatten.

Julius' Blick fiel auf das jenseitige Ufer, hinter dem sich die Weinberge wie die Ränge eines natürlichen Theaters im Halbkreis die Berghänge hinaufzogen. Davor erhoben sich die Ecktürme und die imposante Freitreppe eines hochherrschaftlichen Anwesens. „Die Villa des edlen Quintus Vintricius", erklärte der Schiffsführer, dem der fragende Blick seines Fahrgastes nicht entgangen war. „Der Oberverwalter aller kaiserlichen Domänen von der Treveris bis hinter Arduena, dem Ziel deiner Reise. Du wirst bestimmt mit ihm zu tun bekommen, wenn du deine Untersuchung antrittst. Die Leute erzählen sich viele Geschichten um ihn, Herr. Doch bisher hat er alle gegen ihn erhobenen Vorwürfe und Verdächtigungen abwehren können."

„So, so", meinte Julius versonnen und kniff die Augen zu Schlitzen zusammen. Seine inzwischen bessere Laune hatte sich schlagartig verschlechtert. Es war ihm, als hätte sich ein dunkler Schatten über das elysische Panorama gelegt. Er räusperte sich und blickte dem Schiffsführer ins Gesicht. „Der Obervicarius ist das eine. Lass das meine Sorge sein. Er wird sich an mir die Zähne ausbeißen, wenn er etwas zu verbergen hat." Der Schiffsführer zuckte mit den Schultern.

„Wie wird der neue Wein?" Julius wechselte mit Absicht den Gegenstand ihrer Unterhaltung. „Was erzählen die Menschen am Fluss? Wird es ein guter Jahrgang?"

„Ich bin Schiffer und kein Winzer", antwortete sein Gesprächspartner lapidar. „Die Weinbauern jammern immer, aber die Anwohner sind sich sicher, dass es ein hervorragender Wein wird, wenn das Wetter noch ein paar Wochen mitspielt. Bisher ist alles gut gegangen, und ich habe nichts von irgendwelchen Rebkrankheiten gehört."

Julius nickte und schaute nach vorne zum Bug, wo die Gischt der Bugwelle in einer plötzlichen Windböe aufschäumte.

„In zwei Stunden sind wir in Arduena", sagte der Schiffsführer und ließ seinen Fahrgast allein.

Zur angegebenen Zeit leuchteten die mächtigen Felsen von Arduena in der Nachmittagssonne rot auf. Zu ihren Füßen erkannte er unterhalb der Rebenhänge die ziegelroten Dächer der zwei Kelterhäuser mit Nebengebäuden und den Anleger, auf den der Ruderer in elegantem Schwung zuhielt. Er war am Ziel seiner Reise angelangt.

Als das Schiff den Anleger erreichte, waren bereits einige Männer in dunklen Arbeitstuniken herbeigeeilt, um die Taue aufzufangen, die ihnen von Deck aus zugeworfen wurden. Sie zogen das Schiff heran und vertäuten es an den dafür vorgesehenen Eisenringen. Mit einem Satz sprang Julius auf die Planken und sah zu, wie sein Gepäck, zwei Taschen und eine hölzerne Truhe, herübergeschafft wurde.

„Wer hat hier etwas zu sagen?", fragte er in die Menge der Neugierigen, die von allen Seiten herbeigelaufen kamen.

„Ich bin der Vorarbeiter", antwortete ein älterer Mann in Tunika und Kapuzenmantel. In seinem Gürtel steckte ein gut geschliffenes Rebmesser.

Julius hatte Mühe ihn zu verstehen, weil er das Lateinische in einem fürchterlich breiten Dialekt sprach. Selbst in der Stadt und vor allem auf dem Land wurde immer noch das Keltische gepflegt, in das sich durch die Zuwanderung der letzten Jahre immer mehr germanische Wörter gemischt hatten.

„Ist der Vicarius Crassus Bibulus hier?" Er blickte sich suchend um.

„Nein, Herr. Er muss drüben auf der anderen Seite sein. Er wird aber bald kommen. Er hat das Schiff sicherlich gesehen."

„So, so", antwortete Julius ungnädig. Man hatte ihn schon oft auf seinen Hang zu dieser Floskel hingewiesen, aber er hatte sich nicht davon überzeugen lassen, es abzustellen.

„Ich bin Julius Bassus, der kaiserliche Kellermeister aus der Treveris." Der Mann zuckte nicht einmal mit einer Wimper. „Gibt es hier ein standesgemäßes Quartier, wo ich die nächsten Wochen wohnen kann?"

„Hier nicht", antwortete der Vorarbeiter bestimmt. „Hier ist alles mit unseren Arbeitern belegt. Du musst den Vicarius fragen. Er hat bestimmt ein Zimmer für einen hohen Gast." Er wies mit dem Kopf über den Fluss, wo Julius hinter Bäumen und Uferbüschen die Dächer mehrerer einstöckiger Gebäude ausmachte.

„Aber es gibt doch hier sicher eine Herberge, eine Mansio?"

Der Vorarbeiter schüttelte den Kopf. „Nein, Domine."

„Dann schaue ich mich etwas um, bis der Vicarius kommt", brach Julius das fruchtlose Gespräch abrupt ab. „Du hättest mir wenigstens einen Willkommenstrunk anbieten können", legte er aber noch nach.

„Da." Der Mann wies auf ein aufrecht stehendes Fass am Zugang zur Kelter. „Eine Kelle hängt daneben. Bedien dich."

Julius war sprachlos vor so viel Unverfrorenheit. Als er seinem Ärger endlich Luft machen wollte, hatte der dreiste Vorarbeiter sich bereits zurückgezogen. „Ihr da!", herrschte er zwei Männer an. „Tragt mein Gepäck unter das Vordach neben dem Wasserfass. Passt auf, dass sich niemand daran zu schaffen macht."

Als er den Männern mit dem Gepäck folgte, sah er aus den Augenwinkeln, wie der Vorarbeiter mit einem hölzernen Nachen hastig ablegte und sich in die Riemen legte, um schnell ans andere Ufer zu kommen.

Die Zeit bis zum Eintreffen des Vicarius nutzte Julius mit einer gründlichen Inspektion der Keltern. Zuerst betrat er das Gebäude, in das man sein Gepäck brachte. Es handelte sich augenscheinlich um den vor kurzem errichteten Neubau. Eine mustergültige Anlage, die all das unter einem Dach vereinte, was man zur Bereitung des Weins brauchte. Einem ausreichend großen, zweigeteilten Maischebecken waren drei kleinere Mostbecken vorgelagert. Im kleineren Maischebecken war die Pressvorrichtung installiert, die aus einem Presskorb und einem darüber gelagerten, mächtigen Holzbalken mit angehängtem Kelterstein bestand. In den großen Arbeitsraum hatte man ein Zwischengeschoss eingebaut, das sich durch das gesamte Gebäude zog. Darüber befanden sich wohl die Lagerräume und Schlafkammern der Sklaven und Bediensteten. In der Ecke sah er zwei bis auf das oberste Drittel in die Erde eingegrabene Fässer, die frischen Kalk zum Entsäuern und Klären des Mostes enthielten.

Das westlich angebaute Nebengebäude bot weitere Lagerungsmöglichkeiten und sogar einen beheizten Raum ohne Inventar. Julius bezweifelte, dass hier das verrufene Räuchern durchgeführt werden konnte, weil er keine Wandöffnungen fand, durch die der Rauch hätte kommen können. Er nahm an, dass man sich hier bei kaltem Wetter aufwärmen konnte. Vielleicht half der beheizte Boden aber auch der Gärung nach. Überall standen und lagen leere Fässer und warteten darauf, mit frischem Most gefüllt zu werden. Alle Räume waren sauber und alle Spuren des sommerlichen Gebrauchs waren beseitigt worden. Keine Hälmchen, keine Ähre wies darauf hin, dass hier die Getreide- und Gemüseernte des Sommers bis zu ihrer Verladung zwischengelagert wurde. Als Julius genug gesehen hatte, ging er die hundert Schritte bis zur zweiten, weiter östlich gelegenen Kelter. Ohne Zweifel hatte dieses Gebäude früher einem anderen Zweck gedient. Die beiden vorspringenden Eckrisalite und die noch vorhandene Porticus waren sichere Zeichen eines Landsitzes. Man hatte das gesamte Hauptgebäude offenbar entkernt und ein geräumiges Maischebecken mit Pressvorrichtung in den östlichen Bereich gesetzt. Durch eine Rinne konnte der Most in das darunterliegende Absetzbecken fließen. Zwei Arbeiter waren gerade damit beschäftigt, den abgelagerten Kalk von Boden und Wänden zu kratzen. Ein Bleirohr verband dieses Becken mit einem danebenliegenden, aus dem man den Most abschöpfte. Eine praktische Einrichtung, die Julius bisher nur selten gesehen hatte. Von den vorstehenden Eckräumen war nur noch einer begehbar. Dafür verfügte er aber über eine Bodenheizung, die wohl wie der beheizte Raum der anderen Kelter genutzt wurde. Insgesamt waren die Keltervorrichtungen etwas kleiner als die der neuen Anlage.

Auch hier hatte man eine Zwischendecke eingezogen. Julius kletterte die Stiege hinauf und blickte durch eines der rückwärtigen Fenster in die ansteigenden Rebenhänge. Vielleicht hundert Schritte entfernt bemerkte er einen Mann und eine Frau, die langsam den Hang hinabkamen. Julius rief ihnen zu, auf ihn zu warten, und kletterte wieder nach unten. Durch eine Seitentür verließ er die Kelter und stieg zwischen den Rebenreihen zu ihnen hoch.

„Salvete. Julius Bassus, kaiserlicher Kellermeister aus der Treveris", stellte er sich höflich vor.

„Salve", erwiderten die beiden freundlich, aber nicht unterwürfig seinen Gruß. Er schätzte den mittelgroßen Mann auf Mitte vierzig. Er trug eine gepflegte Tunika mit einem Kapuzenmantel aus einem besonders wetterfesten Gewebe. Ein solches Kleidungsstück war nicht billig und ließ auf einen vermögenden Träger schließen. Die etwa zehn Jahre jüngere Frau sah ihm mit ihrem hübschen, freundlichen Gesicht und den großen, tiefblauen Augen irgendwie ähnlich.

„Deciminius Candidinius", fuhr der Mann fort. „Mir gehört das Anwesen auf der anderen Moselseite." Er zeigte nach Osten auf einen geräumigen Hof mit mindestens fünf Nebengebäuden. „Das ist meine Schwester Sarmanna, die mir zur Hand geht."
„Darf ich fragen, was ihr in unserem Weinberg macht?" Die beiden waren ihm auf den ersten Blick sympathisch und er gab sich alle Mühe, seine Frage nicht nach einem Vorwurf klingen zu lassen.

„Das Gleiche könnte ich dich auch fragen", antwortete die Frau unbeeindruckt.

Um ihre Aussage zu bekräftigen, wies Candidinius auf ein in Hüfthöhe gespanntes Seil direkt vor sich. „Pass auf, dass du nicht darüber fällst, Julius Bassus. Es markiert die Grenze zwischen unseren Weingärten."

Julius trat an das Seil heran und murmelte eine Entschuldigung.

Die Frau lachte. „Darf ich fragen, was du hier machst? Einen kaiserlichen Kellermeister haben wir hier noch nie gesehen."

„Was aber längst überfällig ist", ergänzte Candidinius mit einem bedeutsamen Seitenblick. „Hier geschehen einige Dinge, die mir nicht gefallen."

Julius nickte. Er freute sich über das stillschweigende Einvernehmen. Endlich konnte er mit jemandem unvoreingenommen über seine Probleme reden. Es war nicht davon auszugehen, dass der Vicarius und der Winzer gemeinsame Interessen verfolgten. Er hatte es hier offenbar mit einem Konkurrenten zu tun. In wenigen Worten erläuterte er den Grund seines Besuches, was die beiden befriedigt zur Kenntnis nahmen.

„Ich weiß nichts Genaues", begann Deciminius Candidinius. „Ich weiß nur, dass der Vicarius einen großen Teil der Lese unter der Hand verkauft und damit die Preise ruiniert. Ich habe auch beobachtet, dass er in großem Umfang Süßmost herstellt und manchmal sogar räuchert." Der Winzer spuckte angewidert aus. „Er bietet den Wein dann allen Ernstes als ‚lange gelagertes Spitzenprodukt' an."

„Der Wein", ergänzte Julius grimmig, „der eigentlich für die Armee bestimmt ist. So, so."

„Ich würde mich freuen, wenn du dem ein Ende machen würdest." Sarmanna strahlte den Kellermeister an.

Ein warmes Gefühl durchströmte Julius und er musste sich zwingen, die Augen abzuwenden. Schließlich wollte er sich nicht für die Belange anderer einspannen lassen. Er gestand sich aber ein, sowohl von der Frau als auch von der Aussicht auf Mithilfe verlockt zu sein.

„Wisst ihr", wechselte er das Thema, „wo ich hier in der Nähe eine geräumige und saubere Unterkunft für die nächsten Wochen finde? In der Kelter und beim Vicarius scheine ich nicht gut gelitten zu sein."

Sarmanna schaute ihren Bruder an und nickte ihm auffordernd zu. Candidinius schien eine Weile zu überlegen, bevor er der stummen Bitte seiner Schwester nachkam. „Du kannst bei uns wohnen, Julius Bassus. Es ist nur ein paar hundert Schritte weiter. Und ich bin mir sicher, dass du unsere Gastfreundschaft der des Vicarius vorziehen solltest."

„Abgemacht", sagte Julius. „Eine Siliqua am Tag für Kost und Unterkunft?"

„Wenn du darauf bestehst", lachte Sarmanna. „Du wirst es nicht bereuen. Wir erwarten dich am Abend! Dein Gepäck kannst du vorschicken."

In diesem Augenblick legte ein Boot vom gegenüberliegenden Ufer ab und hielt auf den Anleger der Keltern zu.

„Crassus Bibulus gibt sich die Ehre", kommentierte Sarmanna mit leicht spöttischem Unterton das Geschehen. „Ich wünsche dir eine fruchtbare Unterhaltung."

Das Gespräch mit dem Vicarius verlief wie erwartet unerquicklich. Bibulus stand seinem Vorarbeiter, was Dreistigkeit und Unfreundlichkeit anging, in nichts nach. Auch sein Äußeres war wenig Vertrauen erweckend. Mit seiner eingeschlagenen Nase und den listig funkelnden Schweinsaugen ähnelte er eher einem Zuhälter aus der Treveris als einem in kaiserlichen Diensten stehenden Vicarius. Den verschlagenen Gesamteindruck unterstrich seine muskulös untersetzte Statur. Er verbat sich anfangs jede Einmischung in seine Arbeit und kündigte das baldige Erscheinen des Obervicarius aus Porto Pigontio an. Schließlich musste er aber die Autorität des kaiserlichen Amtes anerkennen und versprach seine Kooperation bei den anstehenden Untersuchungen und Inspektionen. Es war ihm anzumerken, dass er Julius Bassus am liebsten in den tiefsten Winkel jeder ihm bekannten Unterwelt gewünscht hätte. Er war erleichtert und gleichzeitig misstrauisch, als Julius ihn über sein Quartier für die Dauer seines Aufenthaltes in Kenntnis setzte. Am Ende schien er sich jedoch mit dem Vorteil abzufinden, dass Julius ihm nicht ständig auf der Nase herumtanzen würde. Sie vereinbarten für den nächsten Tag ein Gespräch in der Kelter, worauf Crassus Bibulus sich wieder hinüberrudern ließ.

„Nicht übel", sagte Candidinius und kaute weiter auf der gepflückten Beere herum. „Schon sehr süß, aber ich würde noch etwas warten."

Julius steckte sich ebenfalls eine Weinbeere in den Mund und wälzte den Saft mit der Zunge herum. Dann spuckte er alles auf den Boden. „Noch etwas streng nach hinten hinaus. Die brauchen noch etwas."

Julius war am Vorabend früh zu Bett gegangen und hatte sich, wie abgesprochen, in aller Frühe wecken lassen. Die beiden Männer hatten beim Abendessen verabredet, am nächsten Morgen die Qualität der Reben zu prüfen.

Deciminius Candidinius nickte. „Eine Woche, wenn das Wetter so sonnig bleibt." Er schaute in den Himmel, in dem nur einige vereinzelte Wölkchen von Osten heransegelten. „Ich denke, dass man es riskieren kann. Bei starkem Wind aus Westen wäre das etwas anderes. Aber das Wetter ist um diese Zeit immer stabil."

„Eine Fäulnis oder andere Rebkrankheiten habe ich nicht gesehen. Aber was ist mit den Vögeln?", fragte Julius besorgt.

„Die Stare sind ein Problem", antwortete der Winzer. „Ich stelle deshalb Stangen mit Tüchern zwischen die Reben und schicke Leute mit Klappern und anderen Lärminstrumenten hinaus, sobald der erste Schwarm sich blicken lässt."

„Dann werde ich jetzt mit dem bezaubernden Vicarius reden", sagte Julius.

„Viel Erfolg", erwiderte der Winzer süffisant. „Crassus Bibulus geht immer voran, wenn es ans Lesen geht. Die Quantität kommt bei ihm immer vor der Qualität. Er süßt wahrscheinlich kräftig nach, um ein einigermaßen vorzeigbares Ergebnis zu erzielen. Wenigstens was die Weine angeht, die in den freien Verkauf gehen." Er machte eine kurze Pause. „Hast du nicht gesagt, dass der Wein, der an die Armee geht, viel zu dünn und flach ist?"

„Wir werden sehen", meinte Julius. „Ich werde dir heute Abend berichten."

„Auf keinen Fall." Der Vicarius schüttelte heftig den Kopf. „Das riskiere ich nicht. Wir werden morgen mit der Lese beginnen. Die Männer sind schon bestellt."

„Wir warten noch eine Woche", erwiderte Julius bestimmt. „Du weißt um die Beschwerden der Heereslieferanten. Das ist der Hauptgrund meiner Anwesenheit."

„Dann kochen wir eben mehr Most ein." Der Vicarius gab sich noch nicht geschlagen. „Du sollst deinen gehaltvolleren Wein schon bekommen."

„Auf keinen Fall!", empörte sich Julius. „Du weißt, dass zu viel Nachsüßen Kopf- und Gliederschmerzen verursacht. Soll die Truppe vielleicht mit einem Brummschädel kämpfen?"

„Ich halte mich da ganz an den erlauchten Quintus Vintricius, den Oberverwalter der kaiserlichen Domänen", entgegnete Bibulus. „Er hat heute mit der Lese begonnen." Die beiden Männer standen sich eine Handbreit voneinander gegenüber. Die kleinste weitere Provokation würde die Lage eskalieren lassen.

Julius wich einen halben Schritt zurück. „Willst mir drohen? Lass Quintus Vintricius nur kommen. Er ist ebenso an meine Weisungen gebunden wie du. Treibe es nicht auf die Spitze."

„Bitte, Julius Bassus." Bibulus streckte den Rücken, um sich etwas größer zu machen. Trotzdem reichte er seinem Gegenüber nur bis zur Schulter. „Das ist sehr unüberlegt. Wenn du keine Schwierigkeiten bekommen willst, dann…"

„Hältst du wohl dein vorlautes Maul!", fuhr Julius ihn an. Bibulus blieb vor Überraschung der Mund offen stehen. „Es wird nicht gelesen, bevor ich es anordne. Bis dahin schickst du alle Männer in die Weinberge, um die Vögel aufzuscheuchen. Oder du sitzt auf dem nächsten Schiff nach Treveris. Verstanden?"

Der Vicarius winkte mit der Hand ab, riskierte aber keinen weiteren Widerspruch. Stattdessen drehte er sich abrupt um und ging in die westliche der beiden Keltern.

Julius wartete noch eine Weile, bis er sah, dass einige der mittlerweile eingetroffenen Arbeiter mit Tüchern und Stöcken die Weinberge emporstiegen. Für heute gab es für ihn hier nichts mehr zu tun, weshalb er sich nach dem steilen Pfad umsah, der auf die Höhe führte. Sarmanna hatte ihm von dem alten Wall auf der Höhe und dem atemberaubenden Ausblick erzählt, der ihn dort oben erwartete. Eine Stunde später stand er oben und genoss die Aussicht auf den Fluss und die rebenbestandenen Höhen, die seinen Lauf säumten. Julius erklomm die Bruchsteine der zerbröckelten Mauer und ließ sich die warme Septembersonne ins Gesicht scheinen. Es raschelte, wenn flinke Eidechsen an ihm vorbeihuschten und in den Spalten verschwanden. Eine späte Hummel umflog brummend seinen Kopf und machte sich wieder davon. Julius erhob sich, um nicht einzuschlafen und inspizierte kurz die eingefallenen Hütten innerhalb der Wälle. Sie waren während des letzten Germaneneinfalls angelegt worden, um den Talbewohnern als Rückzugsort zu dienen. Fachmännisch stellte er fest, dass sie schnell wieder instand zu setzen wären. Dann machte er sich auf den Rückweg zu Candidinius und Sarmanna.

Als er seinem Gastgeber später von den Hütten erzählte, nickte dieser. „Die sind noch nicht alt. Vielleicht vierzig Jahre. Als ich noch ein Junge war, gab es noch die Überreste der alten Trevererhäuser, in denen vor den Römern ein Fürst mit seinem Gefolge lebte. Ich kann mich noch gut daran erinnern, dass wir dort eine alte Holzpresse gefunden haben. Weil das Holz verdorben war, haben die Männer sie zu Feuerholz verarbeitet." Er legte die Stirn in Falten. „Eigentlich schade, Julius. Das war vielleicht der letzte Beweis, dass bereits die Vorväter an unseren Hängen Wein anbauten."

Es verging eine ganze Woche, in der die Arbeiten in den beiden Kelterhäusern weitgehend ruhten. Wie erwartet hatte das Wetter gehalten. Lediglich ein Regentag hatte die spätsommerliche Pracht getrübt. Er war aber ohne Sturm und Hagel dahergekommen und hatte zu wenig Wasser gebracht, um dadurch Fäule und Schimmel zu begünstigen. Dank Julius' täglichen Inspektionsgängen hielt sich der Vicarius widerwillig an die Anweisungen des kaiserlichen Kellermeisters und beschränkte sich darauf, den Vorrat an Fässern und Einkochgefäßen zu vervollständigen sowie die immer häufiger einfallenden Stare zu vertreiben. Quintus Vintricius, der Oberverwalter aus Porto Pigontio, ließ sich nicht blicken, obwohl er sicherlich über den lästigen Besuch unterrichtet worden war. Wahrscheinlich war er mit seiner eigenen Lese beschäftigt und sparte sich sein Erscheinen für den Zeitpunkt auf, an dem die Arbeiten in Arduena beginnen würden. Julius war sich aber sicher, dass von dieser Seite noch einiger Ärger drohte.

Er vertrieb sich die Zeit damit, die Anlagen seines Gastgebers zu erkunden, wobei sein größtes Interesse dem etwas abseits liegenden Kelterhaus galt. Es war kleiner als die östliche Kelter auf der anderen Moselseite und reichte gerade aus, das anfallende Lesegut eines Jahres zu verarbeiten. Besonders angetan hatte es ihm der weiträumige Keller, in dem der Wein seiner zukünftigen Bestimmung entgegenreifte. Candidinius ließ es sich nicht nehmen, ihm jeden Abend einen anderen Jahrgang zu präsentieren. Sarmanna und der Kellermeister kamen sich in diesen Tagen immer näher. Jeden Abend unternahmen sie nach dem Essen einen ausgedehnten Spaziergang den Hang hinauf bis zu einer Stelle, von der man einen schönen Ausblick auf die Mosel und die aufsteigenden Rebenhänge hatte. Julius genoss die Ausflüge und die anregenden Gespräche mit seiner klugen Gastgeberin, die über einen hervorragenden Sachverstand verfügte.

„Mein Bruder meint, dass er morgen mit der Lese beginnen möchte."

Julius blickte Sarmanna an. „Ich denke, dass ich es ihm gleichtun werde. Crassus Bibulus habe ich bereits unterrichtet. Er wirkte erleichtert."

„Womit deine Schwierigkeiten beginnen werden", spöttelte seine Begleiterin. „Vielleicht solltest du dir Unterstützung besorgen. Der Vicarius und der Oberverwalter haben bestimmt etwas ausgeheckt. Sie werden nichts unversucht lassen, um deine Anordnungen zu unterlaufen. Die lassen sich nicht ohne weiteres ihre Pläne durchkreuzen."

„Das sehe ich genauso", antwortete Julius. „Aber was soll ich tun? Es sind zwei Kelterhäuser und ich kann meine Augen nicht überall haben. Wenn ich es recht bedenke, hätte ich einige Gehilfen mitbringen sollen. Man hätte mir das sicherlich bewilligt." Er blickte nachdenklich auf die in der Ferne sichtbaren Kelterhäuser. „Aber jetzt ist es zu spät. Ich brauche drei Tage, um in die Treveris zu fahren, mein Anliegen vorzubringen und zurückzukehren. Was glaubst du, was in der Zwischenzeit so alles geschehen kann?"

Sarmanna nickte nachdenklich. „Darf ich dir helfen?", fragte sie schließlich.

Julius schaute interessiert auf. „Was schlägst du vor?"

„Ich fahre", sagte sie bestimmt. „Dann kannst du hier in Ruhe nach dem Rechten sehen. Du musst mir nur sagen, an wen ich mich wenden soll. Und ich bräuchte etwas Schriftliches."

Julius überlegte. „Das würdest du wirklich für mich tun? Es ist eine anstrengende Reise."

Sarmanna lachte. „Eine Frau nutzt jede Gelegenheit, um in die Treveris zu kommen."

„Dann werde ich noch heute ein Schreiben aufsetzen. Geh damit zu meinem Freund Livius Ursinus. Er wird die Angelegenheit in meinem Sinn erledigen und dir jeden Wunsch erfüllen."

„Das muss nun auch nicht sein." Sarmanna knuffte ihm in die Seite und schaute ihm tief in die Augen. „Ich mache das für dich, Kellermeister des Kaisers."

Am nächsten Morgen bestieg Julius mit Sarmanna den Kahn, der von zwei Knechten gerudert wurde. Obwohl Candidinius jede Hand bei der Lese brauchte, war er dennoch der Bitte seiner Schwester nachgekommen, ihr die Leute mitzugeben. Julius begleitete sie bis zum Anleger, wo er sich von seiner schönen Vertrauten verabschiedete und an Land ging.

In den Keltern und den Weinbergen waren die Arbeiten bereits in vollem Gang. Crassus Bibulus hatte beim ersten Schimmern des Morgenrotes alle Helfer und Sklaven an die Arbeit befohlen. Während die meisten noch mit dem Schneiden der Trauben beschäftigt waren, brachten andere schon einen Wagen, der bis an den Rand mit Lesegut gefüllt war. Sie schoben den zweirädrigen Karren bis an das Becken und schaufelten die Ladung mit großen Forken hinein. Das Gleiche geschah in der westlichen Kelter. In einer Ecke des Arbeitsraumes waren schon drei Feuer entzündet worden, die mit kleiner Flamme unterhalten wurden. Die daneben stehenden Einkochbehälter erklärten den Vorgang.

„Los, los", befahl Bibulus in rauhem Ton. „Ihr da", wendete er sich an eine Gruppe verschwitzter Männer. „Rein mit euch in das Becken und tretet, was das Zeug hält." „Halt!", ging Julius dazwischen. „Wascht zuerst eure Füße. Wer weiß, wo ihr heute schon reingetreten seid."

Der Vicarius verzog das Gesicht und wendete den Blick nach oben. Trotzdem ließ er es widerstandslos geschehen, dass ein flacher Zuber mit Wasser hereingeschleppt wurde, in dem sich die Arbeiter wuschen. Dann stiegen die Männer auf die Trauben, wobei sie sich an handbreiten Planken festhielten, die quer über das Becken gelegt worden waren. Eine sinnvolle Maßnahme, die verhinderte, dass die Männer auf der Maische ausrutschen konnten. Mit schmatzenden Geräuschen traten sie das Lesegut, während ihnen Tropfen bis zu den Knien spritzten.

„Nicht so faul!", feuerte der Vicarius sie an, worauf die Männer ihr Bestes gaben. Einer begann bald ein berüchtigtes Trinklied über die Reize einer schönen Winzertochter anzustimmen, in das die anderen grölend einfielen. Immer weitere Karrenladungen wurden in das Becken gehievt, bis der Saft den Männern bis zur Mitte der Waden ging. „Genug!", brüllte Bibulus schließlich. „Hört auf und lasst den Most ab."

Ein Mann beugte sich hinab und öffnete den Ausguss, während den anderen hölzerne Schieber heraufgereicht wurden, mit denen sie den Ablauf des Saftes unterstützten. Es plätscherte, als sich der erste Strahl in das darunter liegende Setzbecken ergoss. „Kalk. Wo bleibt der Kalk?", rief Bibulus. Er wippte ungeduldig in den Knien, bis eine Schubkarre aus der westlichen Kelter hereingeschoben wurde.

„Vorsicht!", schrie Julius die Männer an, die wahllos Kalk ins Becken streuten. „Zwei Scheffel pro Füllung. Mehr schadet dem Wein."

Während der Kalk sich mit den Schwebstoffen setzte, was eine knappe Stunde dauerte, wurde der Pressbalken hochgehievt und der darunter stehende, quadratische Holzkorb mit den ausgetretenen Rückständen aus dem Becken gefüllt. Eine schweißtreibende Arbeit, die den Arbeitern viel abverlangte. Endlich war der Korb gefüllt und die Presse wurde für ihren Einsatz vorbereitet. Man verschloss den Korb mit einem Deckel, legte grobe Klötze darauf und verkeilte das eine Ende des Pressbaums in der dafür vorgesehenen Wandnische. Dann wurde der schwere Kelterstein mittels einer hölzernen Spindel, die am freien Ende des Pressbalkens angebracht war, nach oben geschraubt. Es plätscherte erneut, als der immense Druck den Saft durch die Ritzen des Behältnisses presste. Der Vorgang wurde vier Mal wiederholt, bis alle Rückstände ausgepresst und danach in einen vor dem Becken wartenden Karren gehäuft worden waren.

Inzwischen hatte sich der Kalk so weit gesetzt, dass der Verschluss geöffnet und der geklärte Most durch ein Bleirohr in das Schöpfbecken abgelassen wurde. Sofort begannen drei Arbeiter damit, den Inhalt des Beckens mittels Eimern und langen Kellen in die am Rand bereitgestellten Fässer zu schöpfen.

Der Vicarius ließ es sich nicht nehmen, sich zwei Becher bringen zu lassen und in den frischen Most des ersten Fasses zu tauchen. „Wohl bekomm´s", prostete er Julius zu und tat einen tiefen Schluck. „Das wird ein Wein, Kellermeister!"

„Wenn er nicht ruiniert wird", antwortete Julius ungerührt.

„He, ihr da!", brüllte der Vicarius die Arbeiter an den schwelenden Feuern an. Julius war es entgangen, dass ein Teil des Mostes direkt in die bereitgestellten Bleigefäße gefüllt worden war. „Lasst die Dinger nicht zu heiß werden. Wenn sie schmelzen, sind sie ruiniert. Nur bei kleiner Flamme schön langsam bis auf ein Drittel einkochen lassen. Hört ihr?"

Die Männer brummten und schoben die Gefäße ein Stück zur Seite.

In der Zwischenzeit war das Tretbecken wieder gefüllt und die Arbeiten nahmen ihren Fortgang. Bis zum Abend waren zwölf Fässer abgefüllt, verschlossen und in einer Ecke des Arbeitsraumes abgestellt worden. Ebenso wurde die letzte Ladung des eingekochten, klebrig süßen Mostkonzentrats aus den Bleibehältern abgefüllt.

Die letzte Aufgabe des sich dem Ende zuneigenden Arbeitstages bestand darin, die ausgepressten Rückstände aus den Karren wieder in das Tretbecken zubringen. Dann wurden Wasser, frische Maische und etwas von dem eingekochten Traubensud darüber geschüttet und die wenig appetitliche Brühe ein weiteres Mal getreten.

„Das bleibt bis morgen Abend so stehen", sagte der Vicarius. „Dann ist alles so weit durchgezogen, dass wir pressen können. Solange arbeiten wir nur in der ersten Kelter."

„Das hätte noch warten können", kommentierte Julius die in seinen Augen verfrühte Zubereitung des Sklavenweins. „Die Treber hätten noch gut drei Tage lagern können."

„Was wir haben, das haben wir", erwiderte der Vicarius.

„Hier!" Er hielt Julius eine Schreibtafel hin. „Darauf ist alles verzeichnet, was wir in den nächsten Wochen leisten müssen."

„Danke, Vicarius. Ich nehme das mit und gehe es in Ruhe durch", sagte Julius und steckte die zusammengeklappte Tafel ein. „Du bekommst sie morgen wieder."

Ein Fluch stahl sich über die Lippen von Crassus Bibulus, als Julius mit dem Kahn ablegte, den Candidinius geschickt hatte.

„Daran ist nichts auszusetzen", sagte Candidinius und legte die Tafel zur Seite.

Die Männer hatten sich abends bei einem Krug Wein zusammengesetzt und waren die Vorgaben des Vicarius durchgegangen.

„Ich kann dir noch nicht sagen, wo der Fehler liegt."

„Es muss aber einen Grund für die Beschwerden geben." Julius schüttelte den Kopf und nahm einen Schluck. „Bei Bacchus und Sucellus! Es wird guter Wein gemacht, aber wenn die Armee ihn bekommt, ist es Posca."

„Du musst alles genau dokumentieren, Kellermeister." Candidinius lehnte sich zurück. „Schreib jedes gefüllte Fass auf. Oder besser noch, markiere sie. Du wirst ihnen noch auf die Schliche kommen."

Am nächsten Morgen gab Julius die Tafel zurück, deren Inhalt er in der Nacht noch sorgfältig in seine Aufzeichnungen übertragen hatte. Wie am Vortag angekündigt, verlagerten sich die Arbeiten an diesem Tag in die westliche Kelter. Julius gab Anweisungen, die mit Most gefüllten Fässer im Lagerraum der Kelter zu sammeln, was dem Vicarius offensichtlich nicht passte. Bibulus verzichtete aber auf weitere Proteste, selbst als Julius darauf bestand, die wachsenden Vorräte an eingekochtem Traubensud separat zu lagern. Erst als er begann, die Fässer mit Kalkfarbe zu markieren, machte der Vicarius seinem Ärger Luft, doch es nutzte ihm nichts.

Am späten Nachmittag begannen das Auspressen der Trestermaische und die Abfüllung in Fässer, denen Julius ebenfalls einen separat gelegenen Aufbewahrungsort in der östlichen Kelter zuwies.

Mittlerweile hatte bei dem am Vortag abgefüllten Most die Gärung eingesetzt. Es zischte und Bläschen perlten an die Oberfläche, als die Deckel abgehoben wurden. Bei zwei Fässern tat sich die Gärung etwas schwer und es hatten sich kleine Schimmelstellen auf der Oberfläche gebildet. Die Verunreinigung wurde abgeschöpft und etwas vom Mostkonzentrat hinzugefügt. Zusätzlich ordnete Bibulus das Anheizen des Nebenraumes der östlichen Kelter an, um durch die Bodenwärme die Gärung der beiden problematischen Fässer zu beschleunigen. Julius markierte sie zusätzlich, als sie hereingeschafft wurden.

„Wenn das nichts wird, kannst du den Inhalt in die nächste Fuhre Tresterwein schütten", schlug er dem Vicarius vor.

„Das wird schon", meinte Bibulus gereizt. „Ich mache das nicht zum ersten Mal."

„Das hat man geschmeckt", hielt Julius ihm vor, worauf der Verwalter ihn wieder stehen ließ.

„Wann kommt eigentlich der Oberaufseher?", rief Julius ihm nach.

„Früher als dir lieb ist", lautete die patzige Antwort.

Der nächste Tag begann mit einer unliebsamen Überraschung. Beim Durchzählen fehlten vier Fässer mit Tresterwein, während sich der Bestand beim gärenden Most um die gleiche Anzahl vermehrt hatte.

„Da sind einige zerbrochen", rechtfertigte sich der Vicarius.

„Bei einem Fass würde ich nichts sagen", beharrte Julius. „Aber vier?"

„Bist du sicher, dass du dich nicht verzählt hast, Kellermeister?"

„Und was ist mit meinen Markierungen, Bibulus? Alles verwischt."

„Hier ist es feucht", behauptete der Vicarius dreist. „Gerade in der Nacht. Wie der Tau auf den Wiesen. Da kann dünne Kalkfarbe schon mal verlaufen."

Weil Julius ihm kaum das Gegenteil nachweisen konnte, ließ er es darauf beruhen. Wenn doch bloß seine angeforderte Verstärkung endlich hier wäre, ging es ihm durch den Kopf. Er wusste, dass er seine Augen nicht überall haben konnte.

Als er am Nachmittag das westliche Kelterhaus verließ und den Weg zum Anleger herabging, um eine Ladung neu eingetroffener Fässer zu inspizieren, vernahm er hinter sich ein Rumpeln. Ein Blick nach hinten und ein geistesgegenwärtiger Sprung zur Seite retteten ihn. Mit lautem Getöse schoss ein mit Most gefülltes Fass an ihm vorbei. Es wurde immer schneller, schoss bei der nächsten Unebenheit nach oben und zerbarst mit hässlichem Krachen bei der unsanften Landung. Julius musste sich auf einen Stein setzen, weil ihm weich in den Knien geworden war.

„Könnt ihr nicht aufpassen?", schrie er die Männer an, die mit sorgenvollem Gesicht herbeieilten.

„Das kam von da oben", beteuerte einer der Arbeiter. „Da können wir nichts zu."

„Wie auch?", erwiderte Julius in drohendem Ton. Er hatte sich wieder in der Gewalt. „Das hat sich ganz von allein losgerissen und ist mir treu und brav zum Anleger gefolgt."

„Das ist einzig und allein deine Schuld", hielt ihm der mittlerweile hinzugekommene Bibulus vor. „Du machst die Männer mit deinen immerwährenden Kontrollen und Nachstellungen völlig konfus. Kein Wunder, dass ihnen in der Hektik ein solches Missgeschick passiert ist."

„Das war ein Anschlag auf deine Gesundheit und eine unmissverständliche Warnung", konstatierte Candidinius den Bericht seines Gastes. „Bibulus ist nicht zu unterschätzen. Der will dich unter allen Umständen aus den Keltern raushaben. Ich gebe dir morgen zwei Männer mit, bis deine Leute aus der Treveris angekommen sind."

„Und was sagst du zu den fehlenden Fässern?", fragte Julius. „Ich bin mir absolut sicher, dass ich mich nicht verzählt habe."

Candidinius dachte nach. Dann stahl sich ein Lächeln über sein Gesicht.

„Die legen dich rein, Julius. Ich denke, dass der Tresterwein in den gärenden Most geschüttet wurde, um ihn zu vermehren. Das macht ihn etwas dünner und seine Qualität nicht besser. Auf diese Weise erhöht sich die Menge des guten Weins, der an den Kaiserhof und in den freien Verkauf geht, der von Bibulus und dem Obervicarius organisiert wird. Das passt zu den Beschwerden des Militärs."

Er hielt kurz inne. „Was du da machst, Julius, geht den beiden an den Geldbeutel. Da verstehen die keinen Spaß."

„Ich auch nicht", erwiderte Julius lapidar.

„Nimm morgen eine Waffe mit, wenn du mit meinen Männern aufbrichst", schlug Candidinius vor. „Sicher ist sicher."

Julius nickte.

Am nächsten Tag legte er seinen Militärgürtel an, in dessen Wehrgehänge ein schwerer Dolch, ein Pugio, steckte. Sonst waren ihm solche Amtsabzeichen auf Reisen eher lästig, aber jetzt konnte der Gürtel die richtige Botschaft vermitteln.

Candidinius nickte anerkennend, als er ihn so sah. Die beiden Männer, die er für ihn abgestellt hatte, mussten seinen wehrhaften Eindruck noch verstärken. Es waren die kräftigsten Knechte, die auf dem Gutshof ihren Dienst versahen. Sie hatten sich ebenfalls mit Messern und zusätzlich mit Knüppeln bewaffnet, die sie sich in die Gürtel gesteckt hatten.

Bibulus verzog das Gesicht und ließ sich den ganzen Tag nicht mehr blicken. Julius erfuhr von den Arbeitern, dass der Vicarius am Mittag nach Porto Pigontio abgereist sei und erst am nächsten oder übernächsten Tag zurückerwartet werde. Die Aufsicht in den Keltern hatte er dem Vorarbeiter übertragen, der sich bemühte, mit dem kaiserlichen Kellermeister in allen Belangen zu kooperieren.

An den folgenden Tagen stimmten die abgefüllten Mengen mit seinen Aufzeichnungen überein. Zusätzlich zum weißen Wein wurde jetzt auch ein Quantum an roten Trauben gepresst, die auf einer separierten Parzelle gereift waren. Um die Farbe aus den Schalen herauszulösen, blieb die getretene Maische einen Tag im Becken, bevor sie ausgepresst wurde. Zusätzlich wurden Behältnisse mit im Sommer abgekeltertem Kirsch- und Brombeersaft hinzugegeben, um die Farbintensität zu erhöhen. Trotz dieser Prozedur war es nur ein hellrot eingefärbter Most, der schließlich abgefüllt werden konnte.

Zu Julius' Freude blieben weitere Unregelmäßigkeiten aus. Die allmorgendlich durchgeführte Zählung der eingelagerten Fässer stimmte mit den Mengen des Vortages überein. Bald würde die Lagerkapazität ausgeschöpft sein und alle warteten sehnsüchtig auf das Lastschiff und den Abtransport in die Keller der Treveris. Der Anteil, der in den Privatverkauf gehen sollte, war bereits zum Anwesen des Vicarius herübergeschafft worden.

Das sehnsüchtig erwartete Schiff tauchte noch vor der Ankunft des Bibulus am dritten Tag seiner Abreise hinter der Flussschleife auf. Beladen mit leeren Fässern hielt es, von bärtigen Ruderknechten kraftvoll angetrieben, auf den Anleger zu. Der Ruderer brachte aber keineswegs nur die dringend benötigten Fässer.

Julius war mit den anderen zum Anleger geeilt und sah seine Hoffnungen bestätigt. Im Bug wartete eine Gruppe von mehreren Personen, die ihm schon von weitem zuwinkte. Er erkannte Sarmanna an ihrem blauen Umhang und den hochgewachsenen Mann, der neben ihr an der Reling lehnte.

„Sarmanna, schön, dass du zurück bist." Er streckte den Arm aus und half ihr auf den Anleger. Dann schloss er seinen Freund Ursinus in die Arme, der mit einem Satz neben ihm gelandet war.

„Ich kann dich doch mit Bibulus und Vintricius nicht allein lassen. Der Kanzleivorsteher hat mein Reisegesuch sofort bewilligt, als ich das Wort ‚Korruption' fallen ließ. Außerdem hat er mir vier Palatini der kaiserlichen Garde mitgegeben." Er zeigte auf die bärtigen

Gardisten, die mit unsicheren Bewegungen den Anleger betraten. Das Wasser schien nicht ihr bevorzugtes Element zu sein.

Sie waren im vollen Ornat ihres stolzen Berufsstandes erschienen. Über der roten Tunika mit blauen Streifen an Ärmel- und Halsausschnitt trugen sie einen versilberten Schuppenpanzer. Die mit Goldblech überzogenen Helme trugen rote und blaue Schmucksteine. Gegürtet waren sie mit der Spatha, und jeder hielt einen kraftvollen Spieß in der Rechten. Ihre Rundschilde mit dem Zeichen ihrer Einheit lehnten noch neben dem Gepäck an der Reling.

„Ursinus wird bei uns Quartier nehmen", lenkte Sarmanna Julius' Aufmerksamkeit wieder auf sich. „Die Gardisten werden in einem Nebengebäude untergebracht."

„Und?", fragte Ursinus am Abend, als sie gemeinsam unter der Porticus von Candidinius' Anwesen saßen. „Hast du schon etwas herausbekommen?"

„Und ob." Julius lehnte sich zurück und gab seinem Freund einen ausführlichen Bericht aller Vorkommnisse seit seiner Ankunft.

Ursinus strich sich zufrieden über das glatt rasierte Kinn. „Dardanus erwartet einen reibungslosen Ablauf der Arbeiten." Er schaute Julius an. „Da gibt es aber noch was. Wenn du Beweise für unzulässige Bereicherungen mitbringst, sind die Tage von Bibulus und Vintricius gezählt. Dardanus war nicht umsonst bei den Agentes in rebus. Einmal Spion, immer Spion – Gefangene macht der nicht."

„Das wird schwer", antwortete Julius. „Die beiden sind gerissen und nicht zu unterschätzen. Außerdem hat sich der Obervicarius noch nicht blicken lassen."

„Der wird noch kommen", lachte Ursinus. „Ich bin schon auf sein Gesicht gespannt, wenn er mich sieht. Seit der Sache mit dem Getreide habe ich noch eine Rechnung mit ihm offen. Dieses Mal kommt er uns nicht davon."

In den nächsten Tagen schritten die Arbeiten in den Keltern zügig voran. Allein die Anwesenheit der Gardisten genügte, um jegliche Manipulationen am Lesegut zu unterbinden. Während am Abend zwei von ihnen mit Julius und Ursinus den Heimweg antraten, blieben die beiden anderen zurück und teilten sich die Nachtwache. Sie schliefen am Tag aus und tauschten abends den Dienst mit ihren Kameraden.

Endlich kehrte auch ein übel gelaunter Bibulus zu den Keltern zurück. Als er die Gardisten und Livius Ursinus sah, schien es um seine Fassung vollends geschehen. Eingeschüchtert trat er zu Julius und reichte ihm ein Schreiben seines Vorgesetzten. Er wirkte gehetzt und seine Blicke wanderten unstet von den unliebsamen Gästen zu den Elitesoldaten und zurück.

„Was will der werte Obervicarius?", fragte Ursinus und schaute gespannt, als sein Freund das Schreiben sinken ließ.

„Quintus Vintricius kommt übermorgen zum Fest der Weinlese vorbei", sagte Julius. „Er interessiert sich höflich für meinen Bericht über den Fortgang der Arbeiten."

„Was er nicht sagt", platzte es aus Ursinus heraus. Lachfältchen spielten um die Winkel seiner dunklen Augen, während eine plötzliche Windböe sein schwarzes Haupthaar aufbauschte.

„Er bringt alles mit, was man für das Fest braucht", fuhr Julius fort. „Wir brauchen uns um nichts zu kümmern. Außerdem werden ihn zwei Weinhändler begleiten, die ihre zukünftige Ware begutachten wollen." Julius schaute seinen Freund an und hob die Augenbrauen. „Du siehst, der Mann hat für alles gesorgt. Ich wittere Ungemach."
„Das riecht nach Bestechung", meinte Candidinius, als die Männer am Abend wieder unter der Portikus saßen.

„Das würde ich ihm nicht raten", erwiderten Julius und Ursinus gleichzeitig.
„Das lasse ich mir nicht entgehen", sagte Sarmanna, die einen frischen Weinkrug brachte.

Am angekündigten Tag warteten alle gespannt auf die Ankunft des Quintus Vintricius. Es wurde früher Nachmittag, als laute Rufe die Ankunft des plumpen Moselfrachters ankündigten. Kaum hatte das Gefährt angelegt, ergoss sich eine bunte Menschenschar lärmend auf den Anleger.

Bacchus und Sucellus waren mit ihrem ganzen Gefolge erschienen. Den feisten Gott des Weines kleidete eine Tunika, die die rechte Hälfte des Oberkörpers freiließ. Auf dem Kopf trug er einen Lorbeerkranz und in der Hand hielt er einen Stab, um den sich eine Weinrebe rankte. Seine geröteten Augen und der strenge Atem verrieten, dass er bereits an Bord dem Wein ausgiebig zugesprochen hatte. Sein kultischer Kollege Sucellus war wesentlich kräftiger gebaut und trug einen Schlegelhammer im Gürtel. Ihnen folgten ausgelassen tanzend nur notdürftig bekleidete Frauen und junge Burschen mit Ziegenhörnern auf den Köpfen. Dazu lärmten sie mit allen möglichen Schlag- und Blasinstrumenten wie Tambourine und Flöten. Zwei besonders kräftige Männer rollten ein großes Weinfass den Weg zur Kelter hinauf, während einige der Mädchen sich mit Körben voller Leckerbissen abmühten.

„Das ist ja eine Invasion!", entfuhr es Julius. „Da will jemand Eindruck schinden."
„Vorsicht", mahnte Ursinus. „Wir sollten aufpassen, dass in dem Trubel nicht Dinge geschehen, die wir später bereuen."
„Ja", sagte Sarmanna und hängte sich bei Julius ein. „Aber ist das nicht schön? So feiert die Mosella."
„Sei mir gegrüßt, Julius Bassus." Ein beleibter Mann in den Fünfzigern mit Halbglatze und rotverbrämter Tunika versuchte vom Schiff auf den Anleger klettern. Der wehende Mantel wurde von einer protzigen Zwiebelknopffibel aus purem Gold, dem Insignium seines Amtes, zusammengehalten. Er schnaufte vor Anstrengung und Schweiß tropfte von seiner glänzenden Stirn. Da ihm der Ausstieg nicht gleich gelingen wollte, ergriff ein hagerer Mann mit Hakennase seine ausgestreckte Hand, während ein anderer von hinten schob. Dem umgehängten Kasten und der mit Tinte befleckten Tunika nach musste es sich um den Secretarius des Oberverwalters handeln.

An Land breitete Quintus Vintricius die Arme aus und schritt auf die drei zu. Beim Anblick von Livius Ursinus zog ein leichter Schatten des Unmuts über sein Gesicht, aber er hatte sich sogleich wieder in der Gewalt.

„Ein frohes Weinfest", ächzte er. „Lasst uns feiern und später über die Geschäfte reden." Er deutete auf den Secretarius. „Das ist Fortunatus, mein Schreiber. Er hat alles dabei. Und das ist Flavius Volubulis, der den Verkauf meines Weines regelt." Er zeigte auf den Mann mit der außergewöhnlichen Nase.

Unterdessen waren alle Arbeiten in den Keltern auf einen Schlag beendet worden. Alles strömte zusammen und geleitete unter Jubelrufen den ausgelassenen Aufzug in die westliche Kelter.

„Für heute ist genug gearbeitet", sagte der Obervicarius leutselig. Er war mittlerweile wieder zu Atem gekommen. „Ran an die Becher und runter mit dem frischen Most. Zur Feier des Tages habe ich noch ein Fass von meinem besten Wein mitgebracht. Drei Jahre im Keller gelagert." Er fuhr sich mit Daumen und Zeigefinger an den Mund und spitzte dabei die Lippen. Dann fiel sein Blick auf Julius' Gastgeberin.

„Sarmanna", flötete er und trat einen Schritt auf sie zu. „Die schönste Winzerin der Mosel. Hat sich immer noch kein Mann gefunden, der deiner Gunst würdig ist? Lass dir meine Aufwartung machen."

Sarmanna wich seiner Umarmung geschickt aus, erwiderte aber freundlich seinen Gruß. „Ich lasse mir Zeit, bis der Richtige kommt." Sie lachte.

Der Secretarius schluckte und konnte seine Augen kaum von der schönen Frau lassen. Inzwischen hatte sich auch Crassus Bibulus zu der Gruppe gesellt. Der Oberverwalter grüßte ihn nur knapp und würdigte ihn ansonsten keines Blickes.

„Kommt mit", sagte Julius, der sich in sein Schicksal ergab. Der Rest des Arbeitstages musste morgen nachgeholt werden. In der Kelter rief er den Vorarbeiter zu sich und ordnete an, Tische und Bänke heranzuschaffen und ein Fass mit sieben Tage altem Most zu öffnen. Dann setzte er sich mit Ursinus und Sarmanna zu dem Oberverwalter und seinen Begleitern.

Kaum hatte er Platz genommen, erschien eine besonders hübsche Frau aus Bacchus' Gefolge mit Bechern und schenkte ein. Julius prostete den anderen zu und nahm einen Schluck. Einen Augenblick ließ er den grünweißen Saft im Mund perlen, schmeckte die Süße und ließ ihn hinunterrinnen.

„Pass auf", raunte Sarmanna ihm zu. „Der ist bereits sehr stark. Du musst einen klaren Kopf behalten." Sie lehnte sich zurück, wobei sich ihre Schultern berührten. „Das wird ein sehr guter Wein."

In der nächsten Stunde wurden am Tisch nur Belanglosigkeiten und Moselklatsch ausgetauscht, während die Becher immer wieder gefüllt und von den Mädchen ein Imbiss gereicht wurde: Mostbrot, frisch geschnittener Schinken und Würste aus Lugdunum. Es schmeckte herrlich.

„Kommen wir zum Geschäft, Kellermeister."

Ursinus hatte gerade die Latrine aufgesucht und der Oberverwalter nutzte die Gelegenheit, ein Anliegen vorzubringen, das offenbar nicht für alle Ohren geeignet war.

„Du hast dich zu Recht über meinen Vicarius geärgert", begann Vintricius voll geheucheltem Verständnis. „Der Mann ist unfähig und ich werde ihn bald ersetzen müssen." Julius blickte hoch, unterließ aber einen Kommentar.

„Was ich mit dir besprechen muss", fuhr Vintricius fort, „das sind meine Vorgaben, die ich erfüllen muss." Er wechselte einen vielsagenden Blick mit dem finster dreinblickenden Volubulis und ließ sich von seinem Secretarius ein Bündel mit Schrifttafeln aus dessen Kasten geben. Er klappte mehrere auf, bis er die gesuchte gefunden hatte. Julius fiel auf, dass Sarmanna ihn dabei genau beobachtete.

„Da ist sie", sagte er schließlich und legte sie auf den Tisch. „Schaut. Das sind die Vorgaben für die Armee und das die Zahlen für die kaiserliche Hofhaltung." Er lehnte sich zurück und fixierte Julius mit den Augen.

„Wir hatten bis jetzt eine gute Lese, aber es ist abzusehen, dass wir mit unseren privaten Verpflichtungen zurückliegen."

Julius blickte auf die Tafel, überschlug die noch einzubringende Lese und sah, dass die Lücke nicht erwähnenswert war. „Das verstehe ich nicht", sagte er gedehnt. „Hier ist keine Differenz mit meinen Vorgaben."

„Die Verpflichtungen für die privaten Abnehmer sind höher geworden", gestand der Obervicarius kleinlaut ein und klappte eine zweite Tafel auf.

Julius rechnete die Zahlen zusammen und klappte die Tafel wieder zu, die der Secretarius umgehend im Kasten verschwinden ließ. „Du hast viel mehr zugesagt, als du halten kannst", sagte Julius vorwurfsvoll.

„Und es ist bereits bezahlt", antwortete Vintricius.

„Dann musst du das Geld zurückzahlen", erwiderte Julius ungerührt. „An den Vorgaben der Armee und des Hofes ist nicht zu rütteln. Der Präfekt kennt da kein Pardon."

„So viel ist das nicht." Vintricius verlegte sich aufs Betteln. „Wenn wir den Wein für die Armee, was den größten Posten darstellt, etwas modifizieren, werden alle zufrieden gestellt sein." Er griff an seinen Gürtel und nestelte einen Beutel herab, den er auf den Tisch legte. Es klirrte nach Gold und Silber. „Es soll dein Schaden nicht sein, Kellermeister. Das ist nur eine Kostprobe."

In diesem Augenblick kehrte Ursinus von der Latrine zurück und setzte sich an seinen Platz. Der Obervicarius griff schnell nach dem Beutel und ließ ihn unter dem Tisch verschwinden.

„Denke darüber nach, Kellermeister." Er bedachte Julius mit einem vielsagenden Blick und wechselte abrupt das Thema.

Die Unterhaltung drehte sich im Folgenden um sagenhafte Leseerträge und sensationelle Jahrgänge, die in irgendwelchen Kellern ruhten. Julius fiel auf, dass Sarmanna begonnen hatte, dem Secretarius vielsagende Blicke zuzuwerfen. Schließlich tuschelten die beiden angeregt miteinander. Nach einiger Zeit packte der Mann seinen Kasten und erhob sich vom Tisch.

„Ich möchte mich zurückziehen und noch etwas an Bord des Schiffes arbeiten", stotterte er verlegen.

Einige Zeit später stand Sarmanna ebenfalls auf und gab vor, einen kleinen Spaziergang zu machen, um ihren Kopf wieder freizubekommen. Julius fühlte einen Stich von Eifersucht, aber er ließ sich nichts anmerken.

Nach einer guten Stunde kehrte Sarmanna mit verstörtem Gesicht an den Tisch zurück.

„Das war ein langer Spaziergang." Quintus Vintricius grinste anzüglich. „Bist du unterwegs meinem Secretarius begegnet? Das hätte ich dem nicht zugetraut."

„Lass uns sofort gehen, Julius", flüsterte Sarmanna. „Mir ist nicht gut."

„Wir müssen aufbrechen", unterstützte Ursinus die Frau. „Morgen ist ein harter Tag. Wir danken dir für die gelungene Überraschung, Quintus Vintricius." Er zog den verdutzten Julius, der viel zu sehr mit seiner gekränkten Eitelkeit und seinen Gefühlen für Sarmanna beschäftigt war, von der Bank hoch.

Dem Obervicarius war diese Entwicklung gar nicht recht. „Bleib doch noch etwas, Kellermeister."

„Nein", antwortete Julius bestimmt. „Es ist wirklich Zeit zu gehen."

„Du denkst über meinen Vorschlag nach und gibst mir Bescheid?"

„Ich denke, da werde ich nicht lange überlegen müssen", antwortete Julius vieldeutig und folgte Sarmanna und seinem Freund.

„Warum diese Eile?", fragte Julius, als sie sich von einem der Gardisten auf die andere Flussseite übersetzen ließen. Seine Kameraden waren in der Kelter geblieben, um den reibungslosen Fortgang der Feierlichkeiten zu überwachen. „Ich hatte ihn an dem Punkt, wo ich ihn haben wollte. Vintricius hat versucht, mich zu bestechen."

„Das habe ich mir gedacht", antwortete Ursinus. „Aber", fuhr er fort, „darüber ist dir das Entscheidende entgangen." Er schaute die Winzerin an. „Oder, Sarmanna, du leichtlebiges Frauenzimmer?"

Sarmanna griff in ihre Umhangtasche und drückte dem verdutzten Julius die zwei Schrifttafeln des Obervicarius in die Hände. „Das war ein Kinderspiel. Der Secretarius hat entschieden zu viel getrunken. Außerdem hatte Venus ihn mit Blindheit geschlagen. Es war eine Kleinigkeit, ihm die Tafeln zu entwenden, als er sich erleichtern ging. Trotzdem mussten wir weg, ehe er den Verlust bemerkte."

Sie klappte eine der Tafeln auf, die Julius noch immer in den Händen hielt. „Siehst du die Abdrücke des Siegelrings? Jetzt hast du die Beweise, um Vintricius das Handwerk zu legen."

„Wirst du bald zurückkommen?"

Julius legte den Arm um Sarmannas Schultern und drückte sie an sich. In diesem Augenblick brachen die Strahlen der Abendsonne durch eine Wolkenlücke und ließen die Felsen der Scalae Arduenae rot aufleuchten.

Zwei Wochen waren seit dem Fest der Weinlese vergangen. Pünktlich zum Tag der Meditrionalia, dem traditionellen Fest zum Abschluss der Arbeiten, war das letzte Fass verladen und Richtung Treveris verschifft worden. Die beiden hatten den Festlichkeiten den Rücken gekehrt und waren die Anhöhe bis zu der hölzernen Bank hinaufgegangen, um ungestört Abschied zu nehmen.

„Wann brichst du auf?", fragte Sarmanna.

„Morgen früh, wenn Ursinus und die Gardisten ihren Rausch ausgeschlafen haben. Sie haben sich das Fest heute verdient."

„Und was erwartet dich in der Treveris?"

„Arbeit und viel Ärger", antwortete Julius versonnen. „Quintus Ventricius wird sich nicht kampflos ergeben. Am Ende wird er aber seinen Posten räumen müssen. Mein Vorgesetzter ist in so etwas sehr gründlich. Das ist vor allem dein Verdienst."

„Hast du was von dem Secretarius gehört? Hat sich Vintricius an dem Mann gerächt?"

„Nein", antwortete Julius. „Er hat sich noch während des Festes in die Treveris abgesetzt, seine Verwicklung eingestanden und ein Geständnis abgelegt. Man hat ihn unter der Bedingung gehen lassen, dass er sich für eine kommende Verhandlung gegen den Obervicarius bereithalten soll."

„Und der Oberverwalter?", bohrte Sarmanna weiter.

„Der streitet alles ab und behauptet, dass alle Beweise gefälscht sind. Das wird sich ändern, wenn ich die gesiegelten Dokumente vorlege."

„Was wird mit ihm geschehen?"

„Er wird sein Amt verlieren und kann froh sein, wenn er in eine halbwegs zivilisierte Provinz verbannt wird. Von seinem Eigentum geht sicher ein Großteil an den Kaiser."

„Und Bibulus?", setzte Sarmanna nach.

„Ich weiß es nicht", antwortete Julius. „Er hat seit dem Fest gut kooperiert. Er hat nur die Anordnungen seines Vorgesetzten befolgt. Er ist kein schlechter Verwalter und versteht viel vom Wein."

„Wäre das nichts für dich, Julius? Kannst du dich nicht um das Amt des Obervicarius bewerben? Wir würden uns häufiger sehen. Es ist bis Porto Pigontio nicht einmal der halbe Weg zur Treveris."

Julius küsste sie zärtlich und streichelte ihr über das Haar. „Vielleicht solltest du mich zuerst in der Treveris besuchen. Dann werden wir weitersehen."

RÖMERWEIN

RÖMERWEIN – SELBST GEMACHT

Im letzten Kapitel kann man nachlesen, wie man auf relativ unspektakuläre Weise seinen Römerwein selbst herstellen kann.

Einfache Rezepte und Anleitungen entführen Sie in die Geschmackswelt des römischen Weingenusses. Ein trockener Weiß- oder Rotwein, geharzter Wein, Süßwein, Sklavenwein oder Würzwein machen Ihr römisches Festmahl zu einem einzigartigen Erlebnis.

Ergänzt wird dieser Abschnitt mit dem Rezept von Mostbrötchen, die einer römischen Weinprobe den letzten Schliff verleihen.

„Prosit" und „nunc est bibendum".

WEIN (VINUM)

Zutaten:
Weintrauben
evtl. Hilfsmittel:
Gärhefe
Schwefel

Arbeitsmittel:
Maischebecken (Plastikwanne /
Eimer)
Presshilfen (Sieb, Tuch oder Presse)
Gefäß (Großer Topf mit Deckel oder
Plastikbehälter)

Zubereitung:
Der erste Schritt ist die Beschaffung des
Traubenmaterials. Wer nicht die Mög-
lichkeit hat, Rebstöcke im Garten oder
an der Hauswand anzupflanzen, sollte
die Trauben vom Obsthändler oder
Winzer beziehen. Tafeltrauben eignen
sich wegen der geringeren Süße und
Säuren nur bedingt zur Herstellung
von Wein.

Die Trauben in einem geeigneten Behältnis mit den Füßen zertreten oder mit
einem geeigneten Hilfsmittel stampfen.
Bei kleineren Mengen reicht auch ein
Eimer.

Rotweintrauben sollte man nach dem
Einmaischen einige Zeit ruhen oder
besser noch auf der Maische ausgären
lassen, damit sich die Farbstoffe aus
den Schalen lösen.

Den gewonnenen Saft dann in ein Gefäß gießen (Topf oder Eimer mit Deckel). Es empfiehlt sich, einen handelsüblichen Gärbehälter aus Plastik oder Glas zu benutzen, den man relativ preiswert mit Zubehör (Gärventil etc.) im Fachhandel erwerben kann.

Im Anschluss die Rückstände aus Beerenschalen, Stielen und Rebenkämmen in ein Tuch geben und durch gegenseitiges Drehen der Tuchenden auswringen. Für ein professionelleres Vorgehen empfiehlt sich die Anschaffung einer kleinen Presse. Den ausgepressten Saft dann ebenfalls in den Gärbehälter geben und verschließen.

Bei einem normalen Verlauf setzt die Gärung ohne weiteres Zutun von alleine ein. Traubenschalen und Umgebung enthalten genug Hefepilze, um den Prozess einzuleiten. Diese Methode – die Gärung an der offenen Luft stattfinden zu lassen – birgt allerdings einige Risiken wie Schimmelbildung oder eine zu schwache Gärung, die den Most verderben kann.

Hilfreich ist ein handelsüblicher Gärbehälter, der über ein Gärventil verfügt, das den Druck entweichen lässt. Unter normalen Umständen gärt der Most so lange, bis der Fruchtzucker in Alkohol umgewandelt ist. Das Ergebnis ist in der Regel ein trockener Wein.

Im Gegensatz zu den Römern kann man mittlerweile die Gärung und die Reifung des Weins durch die Zugabe

von Hefen und Schwefel steuern. Beides lässt sich im Fachhandel mit entsprechenden Gebrauchsanweisungen beziehen.

Wenn die Gärung abgeschlossen ist, sollte man den jungen Wein von den abgesetzten Hefen trennen. Am einfachsten ist dies durch vorsichtiges Abschöpfen zu bewerkstelligen. Ein professioneller Gärbehälter hat einen über dem Boden angebrachten Auslauf, der diesen Vorgang durch Ablassen des jungen Weines erleichtert. Danach kann er in Flaschen gefüllt werden, um weiter zu reifen.

Der Wein sollte zum Reifen an einen dunklen und kühlen Ort (Keller) gebracht werden. Ein Wein, der ohne die Zugabe von Schwefel ausgebaut wurde, sollte nicht zu lange lagern und innerhalb eines Jahres getrunken werden. Die unvermeidliche Oxidation würde sonst den Geschmack beeinträchtigen oder den Wein gar ungenießbar machen.

Tip:

Wenn man sich die aufwändige Kelterung und Reifung ersparen möchte, kann man für die späteren Weinrezepte auch auf fertige Produkte zurückgreifen. Hier empfiehlt sich ein einfacher trockener Weiß- oder Rotwein.

Sklavenwein / Tresterwein (Lora – Posca)

Zutaten:
ausgepresste Beeren und
Traubenrückstände
Defrutum oder Sapa (Süßungsmittel)

Zubereitung:
Die ausgepressten Rückstände der Weinbereitung wässern. Es empfiehlt sich, etwas Süße in Form von Defrutum oder Sapa (eingekochter Most) hinzuzugeben, um die Gärung zu unterstützen. Die Maische ein bis zwei Tage ruhen lassen und dann auspressen.

In ein Behältnis geben und wie oben beschrieben gären lassen. Da es sich um ein alkoholschwaches und ohne Konservierungsstoffe instabiles Produkt handelt, empfiehlt sich ein rascher Verbrauch.

Tip:
Sollte die Lora frühzeitig in Essig umschlagen, kann man sie immer noch mit Wasser mischen und als Posca (Essigwasser / Durstlöscher) konsumieren.

GEHARZTER WEIN (RESINA)

Zutaten:
Weintrauben
Mastix (Harzmischung)

Zubereitung:
Den Wein wie beschrieben zubereiten.
Vor dem Gären Mastix als Pulver oder
Kügelchen in den Most geben und ca.
drei Tage einwirken lassen. Man sollte
ein Mischungsverhältnis 1:100 nicht
überschreiten, da der Geschmack sonst
zu intensiv und bitter wird. Mastix ist
leicht zu besorgen, da die Harzmischung zur Zubereitung von Speisen
und Desserts in der griechischen Küche
verwendet wird – übrigens auch als
Kleber für falsche Bärte in der Theater-
garderobe! Nach der Einwirkzeit sollten
die Mastixrückstände abgeschöpft oder
ausgefiltert werden. Danach den Wein
wie zuvor beschrieben bearbeiten.

Tip:
Geschmacklich entspricht der geharzte
Wein der Römer (Resina) dem heutigen
Retsina, den man vor allem aus Grie-
chenland kennt.

Eingekochter Süssmost (Defrutum oder Sapa)

Zutaten:
Most oder handelsüblicher Traubensaft

Arbeitsmittel:
Einkochgefäß (Topf)

Zubereitung:
Den frisch gepressten Most oder Traubensaft in ein Kochgefäß geben und auf dem Herd reduzieren lassen. Bei ca. 50% erhält man Defrutum und ab einer Reduzierung auf ein Drittel des ursprünglichen Volumens die sirupartige Sapa.

Um Süßwein herzustellen, kann man Sapa oder Defrutum dem fertigen Wein vor dem Verbrauch zumischen. Eine andere Variante besteht darin, die eingekochte Lösung schon vor dem Gären zuzusetzen, um den Zuckergehalt des Mostes von vornherein zu erhöhen.

Tip:
Man kann Defrutum / Sapa auch als Süßungsmittel für Desserts in der Küche verwenden. „Traubensüße" als Geschmacksverstärker statt Rüben- und Rohrzucker liegt derzeit im Trend.

Gewürzter Honigwein (Mulsum)

Zutaten:
2 l trockener Weißwein
500 g Honig
1 Prise getrocknete Weinraute
10 zerstoßene Pfefferkörner
5 klein geschnittene Pflaumen
1 Prise frischer oder gemahlener Koriander
1 Lorbeerblatt

Zubereitung:
Wein und Honig im Verhältnis 1:4 mischen und erwärmen. Die Zutaten dazugeben, im geschlossenen Topf erkalten lassen. Durchsieben, in Flaschen füllen und im Keller kühl lagern. Mulsum hält sich viele Monate und wird desto besser, je länger er ruht.

Tip:
Sollte es zu einer Nachgärung kommen, vor dem Verbrauch etwas Honig zugeben, um die ursprüngliche Süße wiederherzustellen.

Mulsum kann man auch mit Rotwein zubereiten und als Glühwein servieren.

MOSTBRÖTCHEN (MUSTEI)

Zutaten für 10 Mostbrötchen:
500 g Weizenmehl (Typ 550)
1 Päckchen Trockenhefe
ca. 250 ml Traubensaft oder eingekochter Traubenmost
50 g Schweineschmalz
25 g geriebener Gouda oder Emmentaler
¼ Teelöffel geriebener Kreuzkümmel
evtl. ½ Teelöffel Anissamen
10 Lorbeerblätter

Zubereitung:
Mehl, Hefe und Traubensaft oder Most
zu einem Teig verarbeiten. Den Käse
und die Gewürze zugeben und zuge-
deckt eine halbe Stunde ziehen lassen.
Das Volumen sollte sich verdoppelt
haben. Den Teig in 10 Stücke teilen
und zu runden Brötchen formen. Die
Lorbeerblätter auf einem Backblech
unter die Brötchen platzieren und im
vorgeheizten Backofen bei 200 Grad
ca. 20 Minuten backen. Eine Tasse mit
Wasser dazustellen. Die Brötchen sind
gar, wenn sie beim Klopfen auf die
Unterseite hohl klingen.

Tip:
Weinbrötchen eignen sich hervorra-
gend als Zugabe bei einer römischen
Weinprobe.

Literaturverzeichnis

Bernhard, Helmut: Die Römer in Rheinland-Pfalz. Lizenzausg. Hg. v. Heinz Cüppers. Hamburg 2002

Cüppers, Heinz: 2000 Jahre Weinkultur an Mosel-Saar-Ruwer. Denkmäler und Zeugnisse zur Geschichte von Weinanbau, Weinhandel, Weingenuß. Unter Mitarbeit von Richard Laufner und Wolfgang Binsfeld. Trier 1987
Gesellschaft für Geschichte des Weines e.V. (Hg.): Verzeichnis aller Schriften. 2016 (Schriften zur Weingeschichte).

Gilles, Karl-Josef: Neuere Forschungen zum römischen Weinbau an Mosel und Rhein. Hg. v. Gesellschaft für Geschichte des Weines e.V. Wiesbaden 1995 (Schriften zur Weingeschichte, 115).

Gilles, Karl-Josef: Bacchus und Sucellus. 2000 Jahre römische Weinkultur an Mosel und Rhein. Briedel 1999

Hagenow, Gerd: Aus dem Weingarten der Antike. Der Wein in Dichtung, Brauchtum u. Alltag. Mainz 1982 (Kulturgeschichte der antiken Welt, 12).

Jung, Andreas: Historische Rebsorten. Selten – Wertvoll – Wiederentdeckt. In: Internetseite Historische Rebsorten. URL: https://historische-rebsorten.de/. Zuletzt abgerufen am: 08.03.2019

Kreiskott, Horst: Der Wein – Eine Arznei von der Antike bis zur Gegenwart. Wiesbaden 1983 (Schriften zur Weingeschichte, 66).

Schumann, Fritz: Berichte über die Verwendung der Wildrebe Vitis vinifera L var. silvestris GMELIN. In: Die Wein-Wissenschaft 26. Wiesbaden 1971, S. 105 – 106.

Schumann, Fritz: Der Weinbaufachmann Johann Philipp Bronner (1792-1864) und seine Zeit. Neustadt/Weinstr. 1979 (Schriften zur Weingeschichte, 50).

Schumann, Fritz: Historische Rebenerziehungsarten in der Pfalz. In: Maria Besse, Wolfgang Haubrichs und Roland W. L. Puhl (Hg.): Vom Wein zum Wörterbuch. Ein Fachwörterbuch in Arbeit; Beiträge des Internationalen Kolloquiums im Institut für pfälzische Geschichte und Volkskunde in Kaiserslautern, 8./9. März 2002. Stuttgart 2004, S. 203 – 220.

Schumann, Fritz: 90 Jahre LLFA. Weinbau gestern und heute. Neustadt an der Weinstraße 1989 (Forschung - Schule - Praxis, Jahrgang 37, 6), S. 5 – 81.

Schumann, Fritz: Die Entwicklung der Landschaft unter dem Einfluss des Weinbaus. In: Tagungsband. Fachtagung Wein & Landschaft, 6. und 7. Mai 2004. Neustadt/Weinstr. 2005 (Forschung - Schule - Praxis, Jahrgang 53, Nr. 1), S. 12 – 24.

Weeber, Karl-Wilhelm: Die Weinkultur der Römer. Zürich 1993

Mit Historiker, Verlagsgründer und Römerspezialist Michael Kuhn in die Antike!

Der Geschmack des Weltreichs – Einführung in die römische Küche

Print: 978-3-945025-60-4,   19,90 €
eBook: 978-3-945025-79-6, 14,99 €

Auf der Basis überlieferter Rezepte und reichlich Kocherfahrung zeigt Historiker und Romanautor Michael Kuhn, was mit antiken Zutaten möglich ist. Dazu erläutert er historische Entwicklungen und Zusammenhänge. Zusammen ergibt sich ein buntes und umfassendes Bild der römischen Küche in einem Buch, das mehr ist als nur ein Kochbuch.

Alle Rezepte lassen sich leicht nachkochen.

Entdecken Sie den Geschmack des Weltreichs auch in Ihrer Küche. Lassen Sie sich kulinarisch entführen in die Hütten der Bauern, die Zelte der Legionäre und die Gemächer der Centuriones.

Sextus Valerius — Varusgold

Ein politischer Thriller um Waffenschieberei und die
Auswirkungen der Varus-Schlacht.

Band I
Print: 978-3-945025-07-9,   23,90 €
eBook: 978-3-945025-32-1,   16,99 €

Inklusive Reiseführer zu historischen Stätten des Romans

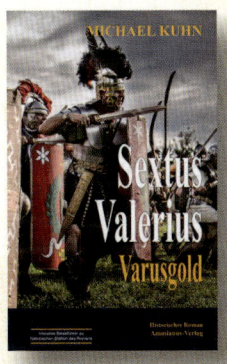

9 n. Chr. – Varus ist tot, seine Legionen sind vernichtet.
Nur Wenige entgehen dem Tod auf dem Schlachtfeld.
Dem jungen Optio Sextus Valerius gelingt es, auf die andere Rheinseite zurückzukehren. Doch die Vergangenheit
lässt ihn nicht los: Sein Freund Lucius Poblicius profitiert
als Kriegsgewinnler und Waffenschieber von der Nieder-
lage und dem Gold des Varus. Ein Politthriller um die großen Fragen zu Beginn unserer Zeitrechnung.

Sextus Valerius — Ans Ende der Welt

Band II
Print: 978-3-945025-70-3,   23,90 €
eBook: 978-3-945025-71-0,   16,99 €

Inklusive Reiseführer zu historischen Stätten des Romans

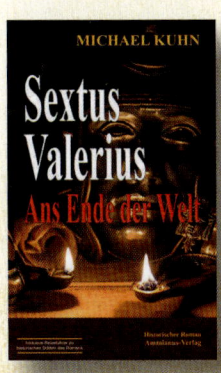

15 n. Chr. – Die Wunden der Varusschlacht sind verheilt
und der Aufmarsch am Rhein abgeschlossen. Gegen den
Rat und den Willen des Tiberius will der junge Caesar
Germanicus die Entscheidung im Krieg gegen die Germanen unter Arminius erzwingen. Sextus Valerius, inzwischen zum hohen Centurio aufgestiegen, steht von Anbe-
ginn der Kämpfe treu an der Seite des Thronfolgers. Doch
wie ein Schatten liegt der Fluch des Varusgoldes über den
Wäldern und Sümpfen Germaniens.

MARCUS

Marcus, ein Soldat der Spätantike, wird mit dem zweiten großen Franken- und Alamanneneinfall konfrontiert.

Marcus – Soldat Roms
Band I
Print: 978-3-9815774-1-9,   15,90 €
eBook: 978-3-945025-13-0,   12,99 €

Marcus – Tribun Roms
Band II
Print: 978-3-9815774-8-8,   15,90 €
eBook: 978-3-945025-14-7,   12,99 €

Marcus – Maximus Alamannicus
Band III
Print: 978-3-9815774-9-5,   15,90 €
eBook: 978-3-945025-15-4,   12,99 €

Inklusive Reiseführer zu historischen Stätten des Romans

Wir schreiben das Jahr 355 n. Chr. Wo die »Pax Romana« Jahrhunderte lang Sicherheit und Wohlstand garantiert hat, herrschen Chaos und Auflösung.

Seit Jahren setzen fränkische und alamannische Scharen über den Rhein und legen die römischen Provinzen Germaniens und Ostgalliens in Schutt und Asche. Um der Lage Herr zu werden, ernennt der Imperator Constantius II. seinen Vetter Julian zum Stellvertreter und Caesar des Westens. Der »Ungeliebte« soll das Unmögliche vollbringen und zieht von Mailand mit wenigen Getreuen nach Gallien, um ein schlagkräftiges Heer zu sammeln.

MARCELLUS

Marcus' Nachfahre Marcellus sieht das Erstarken des Merowingers Chlodwig und bewährt sich in der Schlacht von Zülpich.

Marcellus – der Merowinger
Band I
Print: 978-3-9812285-3-3,   21,90 €
eBook: 978-3-945025-25-3,   14,99 €

Marcellus – Graf von Arduena
Band II
Print: 978-3-9812285-6-4,   21,90 €
eBook: 978-3-945025-26-0,   14,99 €

Inklusive Reiseführer zu historischen Stätten des Romans

Marcellus – Blutgericht
Band III
Print: 978-3-9815774-0-2,   21,90 €
eBook: 978-3-945025-27-7,   14,99 €

Der Westen Europas 486 n. Chr. – Die Strukturen des römischen Imperiums haben dem Druck von Völkerwanderung und inneren Krisen nicht standgehalten. An die Stelle der Imperatoren, Armeeführer und Statthalter sind Kriegsherren getreten, die sich einen Kampf um die Vorherrschaft liefern. Der junge Marcellus gerät zwischen die Fronten von Chlodwig und Sigibert.

Legio XXI Rapax – Eine Legion im Selbstversuch

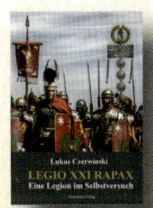

Print: 978-3-945025-66-6,   14,90 €
eBook: 978-3-945025-82-6,   12,99 €

Die Legio XXI Rapax – nach beinahe zwei Jahrtausenden als Selbstversuch wiederauferstanden. Das Buch des Historikers Lukas Czerwinski verbindet eindrucksvoll die Geschichte und die Organisation mit dem tragischen Schicksal dieser bereits in der Antike legendären Einheit, „seine" Legionäre und Offiziere sind selbst heute von den großen Römerevents nicht mehr wegzudenken.

Auch für die Kinder bietet der Ammianus-Verlag spannende Geschichte!

1. Der Magus Maximus von Rom – Die Spürnasen ermitteln im alten Rom

Print: 978-3-945025-91-8,　10,00 €
eBook: 978-3-945025-92-5,　8,99 €

In der Zeit, als Kleopatra nach Rom kommt, um Cäsar zu besuchen, geschieht Unheimliches in den Straßen Roms. Ein Zauberer vollführt unglaubliche Kunststücke. Er nennt sich „Magus Maximus", begleitet wird er von Decimus, einem griechischen Jungen, den er als seinen Sklaven hält, und der die Menschen bestiehlt, während sein Meister alle verzaubert. Auch Cäsar und Kleopatra werden bestohlen. Was steckt dahinter? Cornelia und die anderen Spürnasen wollen es herausfinden.
Eine spannende Kinder-Kriminalgeschichte.

2. Midas – Eine Zeitreise zu den Römern

Erscheint im Mai 2019!
Eine Zeitreise zu den Römern? Kann man machen. Eine Zeitreise eines Steinzeitjungen zu den Römern? Gleich viel interessanter. Begleitet Midas auf seiner Reise in eine antike römische Stadt, wo er für den Gott Mithras gehalten wird und mitreißende Abenteuer erlebt – und dabei trotz Sprachbarrieren Freundschaften schließt.
　Eine Geschichte für alle, die gleichzeitig mehr über die Steinzeit und die Römer lernen wollen – und auch, dass Freundschaften sich von nichts aufhalten lassen.

3. Murilega – Die Legionärskatze

Print: 978-3-945025-04-8,　　9,95 €
eBook: 978-3-945025-22-2,　6,99 €

Wie kam die Katze ins Rheinland? Auf den Spuren der römischen Legionen gelangt die Katze Murilega zu Lucius Ovinius Secundus, einem Unteroffizier aus der Garnisonsstadt Mogontiacum. Lucius kommt einem Geldfälscherring auf die Spur, deren Menge an Falschmünzen den ganzen Handel durcheinanderbringt. Tatkräftige Unterstützung bei seiner Jagd auf die Verbrecher bekommt er von Muri, wie er seine Katze fortan nennt, denn mit ihrem schlauen Katzenköpfchen hat keiner gerechnet.
　Ein Katzenkrimi vom Feinsten, für Freunde und Liebhaber der Vierbeiner.